鍵を守れ！
暗号学
歴史・世界の暗号からつくり方まで

稲葉茂勝／著

はじめに

「暗号」とは、「秘密を保つために当事者間にのみ了解されるように取り決めた特殊な文字や言葉」のこと。昔とくらべ現代は、情報セキュリティー（情報を守ること）がはるかに重要になっています。情報セキュリティーにとって、暗号はなくてはならないもの。個人情報から国家の安全保障に関する機密のセキュリティーまで、暗号がますます重要になっています。

★

暗号に関する用語には、次のようなものがあります。この本を読む前に、まず頭に入れておいてください。

平文	送信者が送るもとの文
暗号化	平文を暗号に変換する作業
復号（復号化）	暗号化された文をもとにもどす作業
アルゴリズム	暗号化や復号化をするために必要な約束・手順
鍵（キー）	数（文）字と数（文）字の関係を示すもの（「パラメータ」といわれる）
暗号技術	暗号に関する技術

★

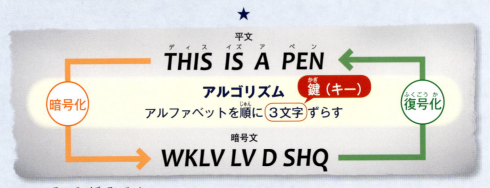

これは、「THIS IS A PEN」が平文で、WKLV LV D SHQ が暗号文です。「各アルファベットを順に先に進める」がアルゴリズムです。その際の鍵は、3文字。

WKLV LV D SHQ を見た人は、何のことかわかりません。それをわかろうとすることが「暗号を解く（解読する）」ことです。

★

上の暗号は、ユリウス・カエサル（ジュリアス・シーザー）が用いた「カエサル暗号（→p12）」とよばれるものです。カエサル暗号から、暗号が紀元前1世紀には存在していたことがわかります。ところが暗号は、歴史をさかのぼるとカエサルの時代よりずっと昔の古代エジプト時代にすでにつかわれていたことが推測できます（→p6）。

暗号は、いつの時代でも、人の命や国の存亡にかかわる非常に重要なできごとと関係してきました。暗号の歴史は、人類の興亡の歴史と直結していたといっても過言ではありません。
　第2次世界大戦では、イギリスがドイツの「エニグマ暗号（→p48）」を解読したことから戦局が大きく変わりました。アメリカが大日本帝国の暗号を解読したことにより、日本は敗戦へ向かいました。このように暗号は戦争と切りはなして考えることはできません（→パート2）。

　現在、世界じゅうの戦闘機が「IFF（敵味方識別装置）」とよばれる装置で暗号化された信号を発しながら飛行しています。この暗号は国際的に取り決められたもので、それにしたがわなければ敵と見なされ撃墜されてもしかたないことになっています。
　こうしたことを考えながらパート1を読んでいただくと、暗号にいっそう興味がわいてくるはずです。人類の歴史そのものにも興味が広がっていくのではないでしょうか。情報セキュリティーの重要性も、あらためて認識することでしょう。

　「高度情報化社会」といわれる現在、個人情報を保護するために暗号が著しく発展してきました。現代人の日常生活は暗号と切りはなせなくなりました。銀行口座の暗証番号、クレジットカードの番号、ネットショッピングなどのパスワード、そして、2016年1月より利用がはじまったマイナンバー制度、すべてが暗号と関係しています。特定の人たちだけがわかる「隠語」や若い女性たちがつかう「ギャル文字」、メールなどで使用される絵文字も、暗号の一種といってよいでしょう。
　現代社会における暗号は、挙げればきりがありません。この本を読んでくださるみなさんには、暗号のおもしろさとともに、現代人にとって情報を守ることのむずかしさなどを感じていただければ幸いです。

★

　わたしは、2007年に著した『世界史を変えた「暗号」の謎』（青春出版／青春文庫）のなかで、手話について書きました。すると、読んでくださった方から「手話が暗号とはひどい決めつけ。手話とは、障害をもつ人びとのためのコミュニケーション言語ではないのか？普段手話をつかう人間としてやり場のない憤りを感じる」とお叱りを受けました。
　今回、本書を書くにあたり、そのご意見を十分に考えた上で、あえて手話ものせることを付記します（→p58）。

稲葉　茂勝

もくじ

はじめに ……………………………………………………………………… 2

パート1　暗号の歴史Q&A

① Q 世界でもっとも早く暗号がつかわれたのは、いつごろ? ………… 6

② Q 世界でもっとも古い暗号は、何? ……………………………… 9

③ Q この写真の器具は、アイウのどれ? ………………………… 10

④ Q カエサル(シーザー)暗号とは? …………………………… 12

⑤ Q 次のアルゴリズムは、どういうものか? …………………… 14

ちょっとひとやすみ　アナグラム ……………………………… 15

⑥ Q 「ポリュビオス暗号」の「ポリュビオス」は、人名、地名のどっち? … 16

⑦ Q 上杉謙信がポリュビオス暗号をつかっていたって、ほんと? … 18

⑧ Q 日本の座標式暗号では数字のかわりに漢字がつかわれたって、ほんと? … 19

⑨ Q 左の「座標式暗号」のたて軸・横軸は、何? ……………… 20

ちょっとひとやすみ　鬼文字 …………………………………… 21

⑩ Q 中国では暗号はあまり発達しなかったって、ほんと? …… 22

ちょっとひとやすみ　簡体字クイズ …………………………… 23

⑪ Q 暗号に関するはじめての本の名は、『多記法』である。ほんと? うそ? … 24

ちょっとひとやすみ　大暗号 …………………………………… 25

⑫ Q 「apple」が「bookf」になるのは、なぜ? ………………… 26

ちょっとひとやすみ　悲劇の暗号 ……………………………… 27

⑬ Q ビール暗号の「ビール」とは何? ………………………… 28

途中で ……………………………………………………………… 30

パート2　近現代の戦争と暗号

① アメリカ独立戦争と暗号 ……………………………………… 32

② 情報戦争はアメリカの南北戦争から ………………………… 34

③ 第1次世界大戦でもっともつかわれた暗号 ………………… 36

④ アメリカの世論を戦争に向けた暗号 ………………………… 38

⑤ 進化しつづける暗号技術 ‥‥‥‥‥‥‥‥‥‥‥‥ 40

⑥ 日清・日露戦争の暗号 ‥‥‥‥‥‥‥‥‥‥‥‥‥ 42

⑦ 大日本帝国海軍の暗号 ‥‥‥‥‥‥‥‥‥‥‥‥‥ 44

⑧ D暗号とは? ‥‥‥‥‥‥‥‥‥‥‥‥‥‥‥‥‥ 46

ちょっとひとやすみ ミッドウェー海戦 ‥‥‥‥‥‥‥‥ 47

⑨ エニグマ暗号 ‥‥‥‥‥‥‥‥‥‥‥‥‥‥‥‥‥ 48

⑩ エニグマの終焉 ‥‥‥‥‥‥‥‥‥‥‥‥‥‥‥‥ 50

ちょっとひとやすみ 2つの戦争映画 ‥‥‥‥‥‥‥‥ 51

⑪ コード・トーカーとは? ‥‥‥‥‥‥‥‥‥‥‥‥ 52

ちょっとひとやすみ 外国語は暗号!? ‥‥‥‥‥‥‥‥ 53

パート3 これも暗号・あれも暗号

① 手でふれる暗号 ‥‥‥‥‥‥‥‥‥‥‥‥‥‥‥‥ 54

② 耳で聞く・目で見る暗号 ‥‥‥‥‥‥‥‥‥‥‥‥ 56

③ 手話・指文字 ‥‥‥‥‥‥‥‥‥‥‥‥‥‥‥‥‥ 58

④ 隠語・業界用語 ‥‥‥‥‥‥‥‥‥‥‥‥‥‥‥‥ 60

⑤ 「ギャル文字」 ‥‥‥‥‥‥‥‥‥‥‥‥‥‥‥‥ 61

⑥ 顔文字とエモーティコン ‥‥‥‥‥‥‥‥‥‥‥‥ 62

⑦ 文字ぬき言葉 ‥‥‥‥‥‥‥‥‥‥‥‥‥‥‥‥‥ 63

パート4 暗号をつくる

① 多文字暗号 ‥‥‥‥‥‥‥‥‥‥‥‥‥‥‥‥‥‥ 64

② 頭字語暗号 ‥‥‥‥‥‥‥‥‥‥‥‥‥‥‥‥‥‥ 65

③ レールフェンス暗号 ‥‥‥‥‥‥‥‥‥‥‥‥‥‥ 66

④ ルート転置式暗号 ‥‥‥‥‥‥‥‥‥‥‥‥‥‥‥ 68

⑤ メッシュ暗号 ‥‥‥‥‥‥‥‥‥‥‥‥‥‥‥‥‥ 69

⑥ ヴィジュネル暗号 ‥‥‥‥‥‥‥‥‥‥‥‥‥‥‥ 70

暗号のようなアラビア語字体 ‥‥‥‥‥‥‥‥‥‥‥‥ 72

暗号づくりに役立つ 外国語の五十音表 ‥‥‥‥‥‥ 74

さくいん ‥‥‥‥‥‥‥‥‥‥‥‥‥‥‥‥‥‥‥‥‥ 84

おわりに ‥‥‥‥‥‥‥‥‥‥‥‥‥‥‥‥‥‥‥‥‥ 86

パート1　暗号の歴史Q&A

1

Q 世界でもっとも早く暗号がつかわれたのは、いつごろ？

A 世界最古の文字の1つは、古代エジプトのヒエログリフとされる。文字があればかならずその文字をつかった暗号があるといわれていることから、ヒエログリフをつかった暗号が存在したのは、紀元前2000年前後ではないかと推測できる。

ヒエログリフとは？

人や動物をかたどったヒエログリフ自体は、まるで暗号！ だが、それは、れっきとした文字。古代エジプトで用いられていた人類史上最古の文字の1つなのだ。

「ヒエログリフ」という言葉は、ギリシャ語の「ヒエロ（神聖）」と「グリフ（彫刻）」に由来するもので、日本語では「聖刻」と訳される。

4世紀ごろまではヒエログリフを読める人が存在したが、その後、しだいにいなくなり、読み方が謎に包まれていった。しかし、いくら謎が多いといっても、文字は、文字。「ヒエログリフ＝暗号」ということはできない。

ところが、次のように考えてみると、世界最古の暗号はヒエログリフだったということが許される。

クヌムホテップなる貴人の墓に刻まれた碑文には、「ファラオ、アメンエムヘト2世のためのモニュメント建立を記録した箇所を中心に、通常とは異なるヒエログリフがつかわれている部分がある」（『暗号事典』研究社、p519）。これこそが、世界最古の暗号なのだ！

ヒエログリフの解読

中世には、謎に包まれたヒエログリフは、王家の秘宝を記した暗号だと考える人も多くいた。16世紀から17世紀にかけて、そうした人のなかから、ヒエログリフを解読しようとする人が多くあらわれた。しかし、成功した人は誰もいなかった。

アタナシウス・キルヒャーは、生涯をかけてヒエログリフの解読を試みた人物として知られるが、結局、解読できなかった。

ルクソール神殿のヒエログリフ。

ヒエログリフの解読は、19世紀まで待つことになる。キルヒャーの集めた資料を研究していたフランス人学者ジャン＝フランソワ・シャンポリオンがロゼッタストーン（→右ページ）の解読に成功。ヒエログリフの読み方を発見したのだ。

もっとくわしく！ ロゼッタストーンの解読

ナポレオン率いるフランス軍が、1799年、ナイル川の河口のロゼッタ村で700kgをこえる玄武岩を発見。発見された地名にちなんで「ロゼッタストーン」と名づけた。この石には、上段がヒエログリフ、中段はデモティック*、下段は古代ギリシャ文字と、3種類の文字が刻まれている。

ロゼッタストーンの解読作業は、これら3種類の文字を比較することからはじまった。その際、◯◯◯で囲まれたヒエログリフが注目された。また、古代ギリシャ文字の部分に何度も「プトレマイオス」というエジプトの王の名前が登場することも注目された。しかし、解読はいっこうに進まず、20年以上が経ってしまう。

ところがシャンポリオンは、ヒエログリフに「表意文字」と「表音文字」の2つの役割があることに気づいた。

シャンポリオン。

彼が解読にいたる経緯は、次のようだ。

- ロゼッタストーンの古代ギリシャ文字の部分にエジプトの王プトレマイオスの名前が何度も登場することに気づく。
- ヒエログリフには、◯◯◯（「カルトゥーシュ」とよぶ）で囲まれている部分がたくさんある。
- わざわざ◯◯◯で囲んだのは、その部分が何か特別な言葉を意味するからではないか？王の名前かも？
- 別の石柱にも◯◯◯で囲まれた文字があり、エジプトの女王クレオパトラを表すのではないかと推測する。
- ヒエログリフの ▭▭▭▭ と ▭▭▭▭ はよく見ると ▭ と ▭ と ▭ とが共通している。
- PTOLEMAIOS（プトレマイオス）にも、KLEOPATORA（クレオパトラ）にも、共通した文字P、T、O、L、E、Aがある。
- ヒエログリフも、ギリシャ文字と同様に音を表しているのではないか？
- そこではじめて、ヒエログリフが1文字ずつ音を表す表音文字としてつかわれているのだとする仮説が登場。
- そのことがきっかけとなり、1文字、1文字、ヒエログリフは解読されていく。

上段のヒエログリフ。
中段のデモティック。
下段の古代ギリシャ文字。

もともとヒエログリフは絵のような形をしていたことから、1文字1文字が何かの意味を表す表意文字だと考えられた。

*デモティックは、書きやすいようにヒエログリフをくずした形の文字で、「民衆の文字」ともいわれるもの。

もっとくわしく！ ヒエログリフの数

　ヒエログリフの文字の数は、非常に多い。細かい違いをふくめると、約3000個におよぶ。ヒエログリフは、1つの文字で1つの言葉を表す場合（表意文字の役割）と、音を表す場合（表音文字の役割）の両方がある。例えば、🦅は「ハゲワシ」を表すとともに、古代エジプト語の「a（ア）」という音を表す。

　ヒエログリフは、たてにも横にも書くことができる。これは日本語も同じなので、日本人にとっては驚くにあたらないが、それでも横書きの場合、右から左、左から右のどちらでも書くことができるのは、不思議だ。

〈表意文字としてつかわれた場合の例〉

ハゲワシ　　かご

ロ　　コブラ

パン　　手

〈表音文字としてつかわれた場合の例〉

　どれも「アレクサンドロス」という意味の古代エジプト語を示している。

● 横書きの場合

（左から右へ）

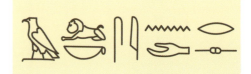

（右から左へ）

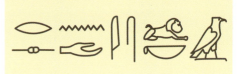

＊人や動物が左を向いていれば、左から右へ読む。右を向いていれば、右から左へと読む。

● たて書きの場合

＊人や動物が左を向いていれば、いちばん左側の列から右側の列へと読む。右を向いていれば、いちばん右側の列から左側の列へと読む。

パート1 暗号の歴史Q&A

Q 世界でもっとも古い暗号は、何?

A 古代エジプトの文字ヒエログリフにも、暗号が存在したはず。しかし、ヒエログリフの暗号があったことは証明されていない。ところが、旧約聖書に出てくる文字の置きかえは、「暗号」とよぶに価するものだ。

A⇔Z、B⇔Y

旧約聖書のエレミヤ書に「シェシャクは占領された」と書かれているが、すでに「シェシャク」は、バビロニアの首都バビロンのことであると判明している。

実は、旧約聖書にはバビロンのように文字が置きかえられて別の言葉になったものが、いくつも登場する。

それらは、俗称や隠語の類にも似ているものの、アトバシュ（**AZBY**）という暗号だと考えられるのだ。AZBYはヘブライ語で「アトバシュ」と読む。

「アトバシュ」とは、ヘブライ文字の1番目の文字（**A**「アレフ」）を、最後の文字（**Z**「タヴ」）に置きかえ、また、2番目の文字（**B**「ベート」）を最後から2番目の文字（**Y**「シュ」）に置きかえるといったアルゴリズム（約束・手順→p2）をもつ暗号のこと。「AZBY」という名称自体にも、「**A⇔Z、B⇔Y**」と文字を置きかえるというしくみが示されている！

 アトバシュのしくみ

置きかえ前	A	B	C	D	E	F	G	H	I	J	K	L	M	N	O	P	Q	R	S	T	U	V	W	X	Y	Z
置きかえ後	Z	Y	X	W	V	U	T	S	R	Q	P	O	N	M	L	K	J	I	H	G	F	E	D	C	B	A

TANAKA　HIROSHI　→　GZMZPZ　SRILHSR

―9―

③ Q この写真の器具は、アイウのどれ？

ア 暗号化をする器具　　**イ** 復号化をする器具　　**ウ** 暗号化と復号化をする器具

A 答えは、**ウ**。この器具の名前は、「スキュタレー」。古代ギリシャの都市国家スパルタでつかわれていた「転置暗号作成器具」のことだ。器具といってもただの棒で、棒に帯状のものを巻きつけて、暗号化したり復号化したりする。

スキュタレーのしくみ

絵のように帯を棒に巻きつけて、文字を書き、上側と下側を関係のない文字で埋める。その帯を棒からとりはずすと、書かれた言葉がでたらめに見える。暗号化されたのだ！

こうしてつくられた暗号を復号化するには、同じように帯を棒に巻きつけていく。スキュタレーに巻きつけられた帯には、ある場所でちゃんと意味の通る言葉があらわれる。

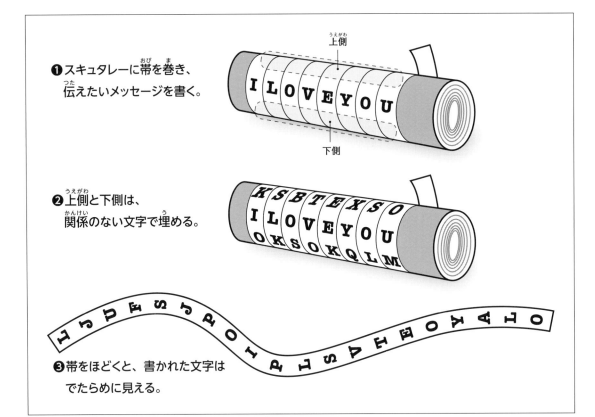

❶ スキュタレーに帯を巻き、伝えたいメッセージを書く。

❷ 上側と下側は、関係のない文字で埋める。

❸ 帯をほどくと、書かれた文字はでたらめに見える。

もっとくわしく！ 映画『トリック』

テレビドラマから人気に火がついて、映画にもなった『トリック』は、自称天才マジシャンの山田奈緒子と物理学教授の上田次郎のコンビがさまざまなトリックを解いていくというストーリー。そのトリックの1つにスキュタレーの原理がつかわれている。それは、上田と山田が自分の身に何かあったときに、メッセージを伝えるための暗号となっている。暗号のアルゴリズムは、「伝えたい文章を4文字ずつ横に書いてから、たてに読む」というもの。例えば「うえだはなきむしだ」は、次のように書く。

「4文字ずつ横に書いてからたてに読む」というのは、文字を書いた帯を棒に巻きつけたときに、横に4文字の平文があらわれるスキュタレーと同じである。

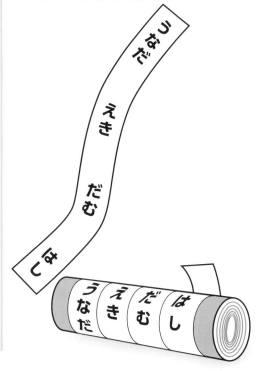

```
う え だ は
な き む し
だ
```

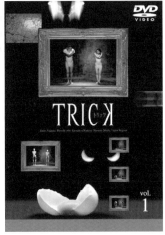

DVD『トリック 1 』
発売元：テレビ朝日ソフト事業部
販売元：NBCユニバーサル・エンターテイメント

DVD『トリック　新作スペシャル 』
発売元：テレビ朝日
販売元：NBCユニバーサル・エンターテイメント

暗号が謎ときの重要な鍵となる『トリック』のDVD。

❹ ❓ カエサル（シーザー）暗号とは？

Ⓐ 古代ローマのカエサル（ジュリアス・シーザー、紀元前100〜紀元前44年）は、文字をある数だけずらすという方法で暗号化した。この暗号化の方法自体をカエサルが考案したかどうかは不明だが、カエサルがつかったことはまちがいない。これが「はじめに」でも紹介した「カエサル暗号」だ。

アルゴリズムの基礎

```
CAN YOU READ THIS?
（あなたは、これが読めますか？）
        ↓
XVI TJP MZVY OCDN?
```

これは、下の図のようにアルファベットをずらすといったアルゴリズムの暗号だ。鍵（→p2）は、「5文字（左へずらす）」。

カエサル暗号は、このように単純なものだが、暗号の歴史のなかで、アルゴリズムの考え方の基礎となったといわれる。

それにしても、すぐに解読されてしまうような単純なアルゴリズムでは、暗号として意味をなさないのではないか。

カエサルの胸像。

| A | B | C | D | E | F | G | H | I | J | K | L | M | N | O | P | Q | R | S | T | U | V | W | X | Y | Z |

 5文字

| V | W | X | Y | Z | A | B | C | D | E | F | G | H | I | J | K | L | M | N | O | P | Q | R | S | T | U |

パート1 暗号の歴史Q&A

カエサル暗号の解読

L F D Q U H D G L W

この暗号の解読方法は、いろいろ考えられるが、次のように推理してみても、容易に解読できる。

---

❶ 最初の4文字は、1文字ずつアルファベット表の左の方向にずらして、**KECP**……。2文字ずらせば、**JDBO**……。3文字ずらしたところで、意味がとれる **I can**…… が出てきた。

❷ **D**と**L**が2文字ずつあるのもヒントになって、**LW** が **it** となることがわかる。

❸ 暗号は、**I can read it** と判明。

ただ順番通りに文字をずらすだけでは、ほとんど暗号の体をなさない。そうであるのにもかかわらず、このような暗号が実際につかわれた。歴史に名を残すあのシーザーさえも、単純なアルゴリズムの暗号をつかっていたとは、何だか不思議な気がするが。

その理由は、復号化が容易だからだと考えられる。一方、復号化が容易だと暗号の価値がうすれるのはいうまでもない。これは、暗号のもつ自己矛盾である！

時代がくだると、カエサル暗号は解読されにくいようにどんどん工夫されていく。その1つが、いくつずらすかを部分ごとに変更するというアルゴリズムだ。

例えば、平文を **Can | you | read | this** のようにわけて、**Can** の部分は2つ、2番目の **you** は3つずらす。3番目の **read** は5つずらすといった具合だ。

もちろん、どの部分をいくつずらすかを示す鍵が必要となる。

Let's Try つぎの暗号を解いてみよう！

① HGZUDZODM

② RORKCKWKZ

③ いせいかえ

④ ろはなわおうた

⑤ ンヲゲイネオガワナヤイサヤ

答え ① I have a pen（かれはペンをもっている） ② He has a map（彼は地図をもっている） ③ あすあす から（明日あす から）　※50音を1文字ずつ後ろにずらしている ④ いまはもうこん（今は婚）　※（は濁）（は半濁）　※50音を1文字ずつ後ろにずらしている ⑤ ワンダフルランドへようこそ（素敵すてき な国へようこそ）　※50音を1文字ずつ前にずらしている

13

⑤ Q 次のアルゴリズムは、どういうものか？

ABCDEFGHIJKLMNOPQRSTUVWXYZ
↓
TUVAEGHXYZOQRBCDIJKLMNSWFP

A これは、A→C、H→Jのように、アルファベットを3つずつ規則正しくずらしていくのではなく、ばらばらに置きかえるというアルゴリズムである。「換字方式」とよばれている。

「換字方式」とは？

上に示す方式にしたがって **I can read it** を暗号化してみると **yvtbjetayl** となる。これならそうかんたんに解読できない。

I can read it
↓
y vtb jeta yl

このようにばらばらに置きかえた場合、受信者が、どの文字をどの文字に置きかえたのかがわからないと、復号化はむずかしい。そこでつくられたのが、どの文字をどの文字に置きかえたかを示す「暗号表」だ。

それでも、その暗号表があれば、誰にでも解読できる。暗号表を秘密にする必要が生じた。これも暗号の自己矛盾だ（→p13）！

もっとくわしく！ 映画『ダ・ヴィンチ・コード』

『ダ・ヴィンチ・コード』という映画には、換字方式の暗号文が登場する。

O, Draconian devil!　Oh, lame saint!（暗号文）→Leonardo da Vinci! The Mona Lisa!（復号化した文）

これは暗号であるが、実はこの2文は、アナグラムになっているのだ。「アナグラム」とは、文字を並びかえると、異なる意味になる文のこと（→右ページ）。

小説版の『ダ・ヴィンチ・コード』。
（ダン・ブラウン 著、越前敏弥 訳、角川文庫）

ちょっとひとやすみ

アナグラム

「アナグラム」とは、並べかえると、異なる意味になる言葉や文のこと。
これは、古くから言葉あそびとしても知られている。

(まったく異なる
意味になる不思議)

Eleven plus two ＝
Twelve plus one
（11＋2）＝（12＋1）

上は、かんたんに信じられない不思議なアナグラムの例だ。思わず文字をチェックしたくなるのでないだろうか。

だが、それ以上にすごいアナグラムがあるのだ。日本人なら知っているはずのもの。「いろは歌」と「あいうえお（五十音）」が長いアナグラムになっているではないか。すなわち、いろは歌は、あ、い、う、え、お……のすべての文字を並べかえてつくったものなのだ。

> いろはにほへと……
> ↓
> あいうえおかき……

いろは歌

いろはにほへと
ちりぬるを
わかよたれそ
つねならむ
うゐのおくやま
けふこえて
あさきゆめみし
ゑひもせす

もっとくわしく！ **マイナンバー**

2015年9月、マイナンバー制度が決まった日、1コマまんがで有名な森田拳次さんが、下のまんがをえがいた。「マイナンバー」と「ナンマイダー」をかけたこの作品は、厳密には「バ」と「ダ」の違いがあるので、完全なアナグラムにはなっていないものの、森田さんのマイナンバー制度に対する痛烈な批判がこめられている。このような政治ネタに関する日本のアナグラムとしては、「田中角栄」⇔「内閣変えた」が有名だ。

※画像の一部を加工しています。

⑥

Q 「ポリュビオス暗号」の「ポリュビオス」は、人名、地名のどっち？

A 「ポリュビオス」は、人名。古代ローマ時代のギリシャの歴史家、政治家で、軍人（紀元前200年頃～紀元前118年頃）。彼は暗号にもくわしく、文字を数字に変換する「座標式暗号」を発明した。これが暗号史上、「世紀の大発見」といわれる「ポリュビオス暗号」だ。

ポリュビオス暗号とは？

「ポリュビオス暗号」は、5×5＝25のマス目（座標）にアルファベットを1つずつ入れて（iとjは同じマスに入れる）、アルファベットの1文字1文字を数字で表すというもの。つまり、aは「1・1（たて軸1、横軸1）」、hは「2・3（たて軸2、横軸3）」という具合に、たて軸の1～5と、横軸の1～5の数字を組みあわせて暗号化する。

ポリュビオス暗号が世紀の大発見！？　あまりに単純で、「大発見」というほどではないように思える。しかし、アルファベットを数字に置きかえたことは、暗号史上、画期的なことだとされている。

ポリュビオス。

「42343215」は？

左下の表をつかって暗号をつくるとする。例えば、「ROME」は、Rが「4・2」、Oが「3・4」、Mが「3・2」、Eは「1・5」だ。それを順に並べると、「42343215」となる。また、「TOKYO」なら、Tが「4・4」、Oが「3・4」、Kが「2・5」、Yが「5・4」で、「4434255434」になる。

← 横軸 →

たて軸	1	2	3	4	5
1	a	b	c	d	e
2	f	g	h	i/j	k
3	l	m	n	o	p
4	q	r	s	t	u
5	v	w	x	y	z

● ROME　□ TOKYO

	1	2	3	4	5
1	a	b	c	d	**e**
2	f	g	h	i/j	k
3	l	**m**	n	**o**	p
4	q	**r**	s	t	u
5	v	w	x	y	z

パート1 暗号の歴史Q&A

Let's Try つぎの暗号を解いてみよう!

1. 3443112511
2. 34252433115211
3. 2411351133
4. 2433142411
5. 24113211241311
6. 45332444151425243322143432
7. 311544432234
8. 1215311421521431

答え：1 OSAKA（大阪）　2 OKINAWA（沖縄）　3 JAPAN（日本）　4 INDIA（インド）　5 JAMAICA（ジャマイカ）　6 UNITED KINGDOM（イギリス）　7 LET'S GO（レッツゴー）　8 BE CAREFUL（気をつけて）

もっとくわしく！ 牢獄で用いられた「ノック暗号」

古代ローマ時代、牢獄に入れられた人が物をたたいて（ノックをして）音を出し、たがいに情報をやりとりしたといわれている（ノック暗号）。その際、ポリュビオス暗号の原理がつかわれた。ポリュビオス暗号の表にしたがって、ノックするのだ。

例えば、**G** なら2回ノックして、1拍おいて2回ノックする。**S** は、4回のあとに3回。ただし、このやり方では **A** の1回+1回から、**Z** の5回+5回までのノックの種類が必要。これに対し、現代のモールス信号（→p34）ははるかに合理的にできている！ それにしても、音で暗号を伝えるやり方が非常に古くからあったのには驚かされる。

古代ローマ時代の石づくりの牢獄。

⑦

Q 上杉謙信がポリュビオス暗号をつかっていたって、ほんと？

A 上杉謙信（右の絵）がつかった暗号は、ポリュビオスの暗号と原理が同じである。しかし、両者の時代には大きなへだたりがある。ポリュビオス暗号が日本に伝わったとも考えにくい。偶然の一致といわざるを得ない。

「字変四八の奥義」とは？

戦国時代の武将上杉謙信（1530～1578年）の家来だった宇佐美良勝（1489～1564年、定行、定満ともいう）が著した『武経要略』という本のなかには、上杉謙信が用いた「字変四八の奥義」という暗号のつくり方がのっている。

これは、いろは48文字を7×7のマス目に書きいれて、1つの文字を行と列の数字で表すといった「座標式暗号」で、ポリュビオス暗号と同じ原理だと考えられる。

七	六	五	四	三	二	一	
ゑ	あ	や	ら	よ	ち	い	一
ひ	さ	ま	む	た	り	ろ	二
も	き	け	う	れ	ぬ	は	三
せ	ゆ	ふ	ゐ	そ	る	に	四
す	め	こ	の	つ	を	ほ	五
ん	み	え	お	ね	わ	へ	六
	し	て	く	な	か	と	七

座標式暗号の進化

座標式暗号の数字は、解読をむずかしくするために、下のように、たて軸・横軸の数字をばらばらに入れかえることもあった。

Let's Try つぎの暗号を解いてみよう！

1 七三三三七七七三七一一五

2 一七六五一七七一三四六五三四

（答え　1 かわなかじま（川中島）　2 たけだしんげん（武田信玄））

四	一	五	二	七	三	六	
ゑ	あ	や	ら	よ	ち	い	二
ひ	さ	ま	む	た	り	ろ	一
も	き	け	う	れ	ぬ	は	六
せ	ゆ	ふ	ゐ	そ	る	に	四
す	め	こ	の	つ	を	ほ	五
ん	み	え	お	ね	わ	へ	三
	し	て	く	な	か	と	七

パート1　暗号の歴史Q&A

Q 日本の座標式暗号では数字のかわりに漢字がつかわれたって、ほんと?

A ほんと。アルファベットを数字に置きかえる座標式暗号と同じ原理の暗号が、日本では、漢字をつかってつくられたのだ。数字をつかったものよりはるかに複雑で、世界でもめずらしい例といえる。

「忍びいろは」

紫	黒	白	赤	黄	青	色	
櫟➡ゑ	標➡あ	柏➡や	栜➡ら	横➡よ	䝨➡ち	㮣➡い	木
燦➡ひ	熛➡さ	焔➡ま	烞➡む	熿➡た	䤋➡り	炮➡ろ	火
墣➡も	堚➡き	坩➡け	㘽➡う	壻➡れ	靖➡ぬ	圠➡は	土
鑠➡せ	鏢➡ゆ	鉑➡ふ	鍊➡ゐ	鐄➡そ	錆➡る	鉋➡に	金
濼➡す	漂➡め	泊➡こ	㴢➡の	潢➡つ	清➡を	㶚➡ほ	水
儤➡ん	儦➡み	伯➡え	倈➡お	儥➡ね	倩➡わ	俹➡へ	人
	鸋➡し	舶➡て	䑁➡く	䑨➡な	鶄➡か	鮑➡と	身

「忍びいろは」は、日本の暗号史上の初期に認められる暗号だが、基本的なアルゴリズムは、ポリュビオス暗号と同じだ。ところが、数字はつかわれていない。

たて軸が木・火・土・金・水・人・身、横軸が色・青・黄・赤・白・黒・紫というように漢字になっているのだ。たて軸と横軸の漢字を、それぞれ偏と旁として漢字をつくる。そうしてできた漢字を、「いろは」と対応させるしくみである。例えば、「**ねのこくにあおう**（子の刻に会おう）」を暗号化すると、「**熿㴢柏䑁鉋標倈㘽**」という、わけのわからない漢字になるのだ！

Let's Try つぎの暗号を解いてみよう!

1　横錆鉋㶚舶

2　鸋横㘽䑨㮣鉋柏横

答え　1　よるにあおう（夜に会おう）　2　しようてんない（しょうてんない）

9

Q 左の「座標式暗号」の たて軸・横軸は、何？

A たて軸は「つれなくみえし」で、横軸は右から読んで「うきものはなし」。これは、「有明の つれなく見えし 別れより 暁ばかり 憂きものはなし」という和歌のうちの一部分である。

左の座標式暗号の表（たて軸「つれなくみえし」、横軸「うきものはなし」）：

	し	は	き	も	よ	き	う	つ
	な	あ	や	ら	た	ち	い	れ
	ゑ	さ	ま	む	れ	り	ろ	な
	ひ	き	け	う	そ	ぬ	は	く
	も	ゆ	ふ	ゐ	つ	る	に	み
	せ	め	こ	の	ね	を	ほ	え
	す	み	え	お	な	わ	へ	し
	ん	し	て	く		か	と	

座標が和歌に！

数字のかわりに漢字を用いた座標式暗号があるのなら（忍びいろは→p19）、仮名をつかったものがあるのは当然だ。

現在知られているものには、たて軸・横軸が和歌になっている複雑なものがある。暗号の鍵として、和歌がつかわれているのだ。

上の座標にしたがって、例えば「敵」という言葉を暗号化してみると、「て」は「し・は」、「き」が「な・な」となる。すなわち、暗号文は「しはなな」となる。これだけでも暗号だが、「しは」「なな」を「子葉」「七」と漢字にして、「子葉七」と書くことで、非常に難解な暗号ができあがる。

このように、仮名でできた暗号文に適当な漢字を当てはめて表記することで、さらに解読のむずかしい暗号をつくるのが、日本の暗号であった。

もとより、日本では昔から和歌の5・7・5・7・7それぞれの句の最初の文字をつなげて、1つの言葉をつくる優雅なあそびが宮中などでおこなわれていた。当時、このあそびに興じる貴族たちは、それらが暗号につかわれるなどとは、夢にも思わなかったことだろう。

Let's Try つぎの暗号を解いてみよう！

1 しきえき

2 つなみしつうしの

3 つはれは

4 空那覇れう

答え 1 みかん(蜜柑) 2 あすいく 3 やま(山) 4 にけろ(逃げろ)〈くう、なは、れう〉

20

ちょっとひとやすみ

鬼文字

ここで本書の筆者が考案した「鬼文字」を紹介する。
これは、2008年に発売された『鬼学』（松岡義和 著、今人舎）で発表したもの。
現代の「あいうえお」に対応させた暗号である。

あ	い	う	え	お		ま	み	む	め	も
田	甲	鬼	鬼	鬼		田	甲	鬼	鬼	鬼
か	**き**	**く**	**け**	**こ**		**や**	**い**	**ゆ**	**え**	**よ**
田	甲	鬼	鬼	鬼		田	甲	鬼	鬼	鬼
さ	**し**	**す**	**せ**	**そ**		**ら**	**り**	**る**	**れ**	**ろ**
田	甲	鬼	鬼	鬼		田	甲	鬼	鬼	鬼
た	**ち**	**つ**	**て**	**と**		**わ**	**うぃ**	**う**	**うぇ**	**を**
田	甲	鬼	鬼	鬼		田	甲	鬼	鬼	鬼
な	**に**	**ぬ**	**ね**	**の**		**ん**		**濁音**	**半濁音**	
田	甲	鬼	鬼	鬼		鬼		田	田	
は	**ひ**	**ふ**	**へ**	**ほ**		**（っ）**	**（ゃ）**	**（ゅ）**	**（ょ）**	**を**
田	甲	鬼	鬼	鬼		鬼	田	鬼	鬼	

Let's Try つぎの暗号を解いてみよう！

1 鬼鬼田鬼鬼

2 甲甲田鬼鬼

3 鬼甲田甲田

答え 1 ももたろう 2 おがわんこ 3 おにがしま

⑩ Q 中国では暗号はあまり発達しなかったって、ほんと?

A ほんと。かつての中国では、本格的な暗号は発達しなかったといわれている。その理由は、「漢字（かんじ）しかないため、換字（かえじ）ができない」ことがあげられる。漢字だけでは、20ページの「しはなな」を「子葉七」とするような文字の変換ができないからだ。

中国版「忍びいろは」

暗号が発達しなかった中国にも、日本の「忍びいろは」のようなものがあった。例えば、「好」を「女」と「子」にするといった具合に、漢字を偏と旁にわけ、それぞれを単独の文字にして暗号化するのだ。

$$一 ＋ 一 ＝ 王$$

$$一 夜 一 夜 ＝ 多$$

上は、「一」「十」「一」を、たてに書いて「王」にするというもの。下は、「夜」は「夕」と同じ意味だから、「一夕」「一夕」は、「夕」が２つと考えて「多」となる！

このような暗号は、中国でもかなり古くからおこなわれていたと考えられる。そのことは、次の逸話からも知られている。

> 前漢を滅ぼし「新」を興した王莽は「金刀」を禁じた。なぜなら、「金」に「刀」と書くと「劉」になるが、その劉が前漢の系譜をもつ姓だからである。

これらは、「謎語」（ミィユィ）とよばれる言葉あそびとして古くから親しまれていたものだ。このあそびが、暗号につかわれた。ところが、中国では、これらが暗号としてではなく、字語（ツーミィ）（なぞなぞ）として広く楽しまれてきたのだ。

もっとくわしく！ 『三国志』に登場したなぞなぞ

漢の時代、揚子江で溺死した父の遺体が見つからず、自らも身を投げた娘がいた。その後、その娘の親を想う気持ちをたたえた石碑ができた。時が過ぎ、ある学者がその石碑に「黄絹幼婦外孫齏臼」と書きたした。三国志の時代に、魏の曹操は、意地になって解読を試みたという。

黄絹は色つきの糸で色＋糸＝「絶」。幼婦は少女のことで「妙」。外孫は女子のことで「好」。齏は辛い食べ物、臼はそれを受ける器（舌）のことで「辞」。これら4つの漢字を並べると「絶妙好辞」となる。これは、すばらしい文章であることをほめたたえた言葉だ。

ちょっとひとやすみ
簡体字クイズ
かんたいじ

左ページで中国語は「漢字しかないため、換字(かえじ)ができない」と書いたが、近年の中国語の「簡体字化」(以前つかわれていた複雑な漢字・繁体字を簡略化して簡体字にしていくこと)は、「換字」とよんでもよいのではないだろうか。
下の①〜⑥の繁体字とⒶ〜Ⓕの簡体字を線でつなごう。

●左ページで見た「謎語(ミィユィ)」について筆者がくわしく記した本『なぞなぞ学』(今人舎)。

『なぞなぞ学 起源から世界のなぞなぞ・なぞかけのつくり方まで』(稲葉茂勝 著、今人舎)より

答えが物の名になる謎語をとくに「物謎(ウーミィ)」とよぶ。

答え ①→Ⓔ ②→Ⓓ ③→Ⓕ ④→Ⓐ ⑤→Ⓑ ⑥→Ⓒ

⑪

Q 暗号に関するはじめての本の名は、『多記法』である。ほんと？ うそ？

A ほんと。トリテミウス・ヨハネス（1462〜1516年）というドイツの修道士が晩年、暗号解読にとりつかれ、研究を重ねた。その結果、暗号史上に残る非常に価値のある本を書いた。それが『多記法』（全6巻）で、暗号史上はじめての印刷物となった本だ。

鍵の重要性

『多記法』には、さまざまな暗号が紹介されている。その1つに、イタリアのレオン・バティスタ・アルベルティが考案した「多換字暗号（多表式暗号）」がある。

彼は、有名なローマのトレヴィの泉を造営した建築家であり、画家、詩人、哲学者でもある。

彼の暗号をひと言でいうと、1つの文字が複数の文字に置きかえられるのだ。すなわち、アルファベットの各文字が、1回目に出てきたときと、2回目のとき、3回目のときとで、置きかえられる文字がそれぞれ異なるのだ。下の表は、その例だ。

アルベルティの多換字暗号は、その後、フランスの外交官ブレーズ・ド・ヴィジュネル（1523〜1596年→p70）によって改良がくわえられた。これは、鍵によって異なった暗号文ができるため、アルゴリズムがわかったとしても、鍵がわからなければ、解読が困難なのだ。

暗号のつくり方が複雑になればなるほど、解読の鍵が重要となる。反面、その鍵が盗まれて知られてしまったら、暗号は意味をなさない。いかなる暗号も、この道理を避けることはできない。鍵の秘密を守ることが、非常に重要になるわけだ。

平文	a b c d e f g h i j k l m n o p q r s t u v w x y z
1回目	X P K O L ……
2回目	Y S Q H C ……
3回目	T J A E N ……

> ちょっとひとやすみ

大暗号

600近くの数字を羅列した「大暗号」は、
フランスのルイ14世（1638〜1715年）が、重要機密文書を暗号化するために、
ロシニョルという父子に命じてつくらせたものだといわれている。
この暗号は、つくった父子以外に解読することができなかったことから
「大暗号」の異名がついた。

大暗号も解読された！

ルイ14世の時代には絶対に解けないといわれた大暗号が、200年が過ぎた19世紀末に解読された！ 解読に成功したのは、フランスの軍人エティエンヌ・バズリー。彼は暗号化された手紙を手に入れ、分析した結果、暗号が3桁までの数字で表されていること、その数字が587通りあること、さらに数字のほとんどが音節を表していることなどを発見。手紙のなかでつかわれている数字の使用頻度に注目して、フランス語で頻出する音節がen、on、les、desであることから解読を進めたという。音節を表す数字のほかに、1文字を表す数字や単語を表す数字、直前の数字をとりけす数字も発見し、解読にこぎつけたのだ。

バズリーが解読した文書のなかには、「鉄仮面」に関するものがあったとされている。「鉄仮面」というのは、デュマ原作の小説『鉄仮面』や『三銃士』に登場することで広く知られる謎の囚人のことだ。ルイ14世の時代には、鉄仮面が実在していて、ルイ14世の双子の兄弟とも噂されていた。そのため、小説にもなったといわれている。しかし、バズリーが解読した文書には、敵前逃亡した将軍が罰として鉄仮面をかぶせられたという内容が書かれていたという。

大暗号をつくるよう命じたルイ14世の肖像画。

⓬ Q「apple」が「bookf」になるのは、なぜ？

A a→b p→o l→k e→f になっている。これは、a⇔b c⇔d e⇔f g⇔h … k⇔l … o⇔p … というようにアルファベットを2文字ずつの1組にして、それぞれを入れかえて暗号化したもの。ナポレオンが用いた暗号として知られている。

ナポレオンの暗号

ナポレオンは、さまざまな暗号を用いたことで知られている。1798年、エジプトに遠征したときには、アルファベットの2文字を1組にしてたがいに入れかえる暗号を使用した。また、換字表が2つあって、あるキーワードが出てくるごとに換字表を切りかえて用いるものもあった。さらに「数字コード」による暗号を用いて連絡をとりあっていたことも知られている。

下の表は、暗号解読の天才エティエンヌ・バズリーが解読したナポレオンの数字コードである。

この数字コードには、1、2、3、4、6、9、10、12、15、16…176、177、182の数字があるが、5、7、8、11、13、14や178～181が含まれていない。その理由はよくわかっていない。

6や10はアルファベット1文字を表すが、1などは単語を表す（1＝cinq「5」の意味）。また、9が ba. l. s となっているのは、複数の文字、単語に置きかえることを意味している。どれに置きかえるかは、文脈によって決まる。

ナポレオンの数字コードの例（1～20まで）

1 →cinq	12→Danzig
2 →neu. f	15→a. u
3 →bu. t. e. r. s	16→da
4 →ca. l. s	17→fo
6 →c	18→ab. s
9 →ba. l. s	19→a
10→d	20→ce

出典『暗号事典』p458

ナポレオンのエジプト遠征。数字コードを用いて重要な連絡を伝えていた。

ちょっとひとやすみ

悲劇の暗号

中世に入ると、社会の発展とともに、
さまざまな情報を守らなければならなくなり、暗号も一段と発展する。
しかし、「暗号はやぶられるためにある」との言葉通り、
暗号が見やぶられたことから、悲劇が生まれることも多かった。

暗号が解読されて処刑！

1542年生まれのスコットランド女王メアリー・スチュアートは、イングランド女王エリザベスのまたいとこにあたる。若くしてフランス王子と結婚させられるが、死別。その後、イギリスにもどり再婚するも、その夫も殺されてしまう。3人目の夫は、国を追放される。こうした悲運につきまとわれた彼女は、エリザベス女王にとって、女王の地位をおびやかすもっとも危険な存在であった。なぜなら、彼女がイングランドの皇位継承権をもっていたからだ。

メアリーは仲間たちとやりとりする際に「メアリー・スチュアートの暗号」を用いた。アルファベット23文字（当時はIとJ、UとVは同じにあつかわれ、Wはなかった）が特別な記号に置きかえられていた。

しかし、イングランド随一の暗号解読者トマス・フェリペスにとって解読は容易だった。暗号で書いた手紙はすべて解読され、再び封印されて何事もなかったかのようにもどされていた。

内容が敵に筒ぬけだったのも知らず、協力者が書いた内容は、エリザベス女王や高官たちを暗殺して彼女を救いだし、スペインの援助を受けてイングランド女王に即位させるという計画だった。

それが決定的な証拠となり、メアリーは反逆罪で処刑されてしまった。

フランス王子フランソワ（左）とメアリー・スチュアート（右）。

27

⑬ Q ビール暗号の「ビール」とは何？

A トーマス・J・ビールという探検家の名前。ビール暗号は、彼が1820年頃に埋めたとされる財宝のありかを示すものだとされる。ビール暗号は3枚の文書からなっていて、1枚は解読されたが、残り2枚はいまだ解読されていない。ビールの黄金と財宝は、眠ったままらしい。

ビール暗号の存在が判明した経緯

ビール暗号の3枚の文書には、1枚目に財宝の隠し場所、2枚目に財宝の内容、3枚目に誰が財宝を相続するかが書かれているといわれている。

ヴァージニア州のあるホテルにビールがあらわれた。彼はホテルを立ちさるとき、鍵のかかった箱を主人にあずけた。その際、「10年経ってもわたしか、わたしの依頼人が引きとりに来ない場合、この箱を開けてほしい」といいのこした。

その10年が過ぎたが、ビールも代理人もあらわれない。そこで、ホテルの主人が鍵を壊して箱を開けてみたところ、3枚の文書とビールが書いたと思われる手紙が出てくる。その手紙には、ビールが手に入れた黄金や宝石などをあるところに隠したと書いてあった。しかし、その3枚の文書には、数字が羅列されてあるだけ。数字は4桁のものもある。ルイ14世の「大暗号」にも引けをとらないほどの大量の数字だ！

「事実は小説より奇なり」という言葉があるが、この話はまさにそれだ。多くの関係者や研究者、クリプトグラファー（暗号師）、暗号解析者などが、ビール暗号の解読を試みた。そうしたなか、4桁の数字の羅列は「書籍暗号」ではないかと推測された。

はたして、2枚目の文書は、アメリカの『独立宣言』を鍵として解読できると判明。すなわち、「暗号文の数字が123なら、独立宣言の123番目の単語の頭文字で置きかえる、という作業を繰りかえしていけば解読できると見られた」（『暗号事典』p518）。しかし、残り2枚はまったく解読できていない。コンピュータが発達した現代でも解読できないビール暗号は、数字をでたらめに並べただけのものだという説も出されている。

ビール暗号を紹介した小冊子『The Beale Papers』。

書籍が暗号に

　暗号のなかには、アルゴリズム（約束・手順）が単純なため、解き方がかんたんにわかってしまうものもある。それでも、たいていは鍵がわからなければどうしようもない。そこで、暗号を秘匿しようとするものは必死で鍵を隠そうとする。解読しようとするものは反対に鍵を見つけようとする。鍵は言葉を媒介して人の記憶のなかにある場合もあれば、何かに文字で書かれている場合もある。

　鍵を書いておく場合、それを何に書きとめ、どのくらいつくるかが問題となる。紙に書きとめるなら、何枚くらいつくるのか。たくさんつくれば、それだけ暗号が見やぶられる危険性は高まる。

　そこで、鍵を書いたものをわざわざつくるのではなく、広くつかわれているものを鍵としてつかうというアイデアが登場した。これが、「書籍暗号」である。誰もが手に入れられる書籍を暗号の鍵にするというのだ。

　左ページの「ビール暗号」の場合は『独立宣言』だ。そのほか、昔から鍵としてよくつかわれてきた書籍に、聖書、辞書・事典などがある。

1776年に公布されたアメリカの独立宣言の複写。すべての人間は平等であるととなえ、民主主義の原則を明確にしたとして世界で広く知られている。

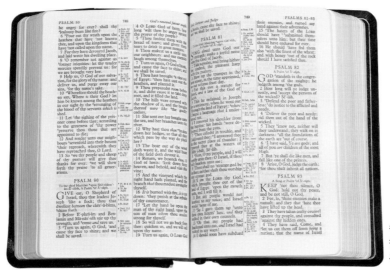

キリスト教の聖書。双方が同じ聖書をもっていれば、鍵をやりとりする必要がなくなり、安全性も高まる。

途中で

わたしは「はじめに」で、「暗号のおもしろさとともに、現代人にとって情報を守ることのむずかしさなどを感じていただければ幸いです」と記しました。27ページでは、暗号が解読されたことで人が命を落とした例を紹介しました。次のパート2では、戦争と暗号について、いくつかの例をあげて見ていきたいと思います。

わたしがこれらの例を紹介するのは、みなさんに「暗号のおもしろさ」を感じてもらいたいからではありません。「おもしろさ」どころか「おそろしさ」と情報を守ることの「むずかしさ」を深く感じてもらい、そこから現代における情報セキュリティーの重要性を身にしみて理解してほしいのです。「コード・トーカー」（→p52）やエニグマ暗号（→p48）などは、読者のみなさんの好奇心をくすぐる話に違いありません。それでもわたしは、そうした話からも、「おもしろさ」ではなく、情報セキュリティーの重要性をより強く感じとってほしいと考えているのです。

★

現在、日本政府はマイナンバー制度の目的について、「マイナンバーは住民票を有する全ての方に1人1つの番号を付して社会保障、税、災害対策の分野で効率的に情報を管理し、複数の機関に存在する個人の情報が同一人の情報であることを確認するために活用されるものです」といっています（内閣官房ホームページより）。しかし、国民のなかには個人情報がもれることを心配する声があとをたちません。万が一マイナンバーがもれて悪用されたらどうするんだと心配する人が非常に多いのです。

★

「はじめに」には「現代人の日常生活は暗号と切りはなせなくなりました。銀行口座の暗証番号、クレジットカードの番号、ネットショッピングのパスワード、2016年1月より利用がはじまったマイナンバー制度、すべてが暗号と関係しています」と書きました。それは、さまざまな暗証番号やパスワードを気軽にあつかうことがないようにしようという思いをこめて書いたつもりです。そして政府に対しては、マイナンバーについて多くの人が心配するようなことのないようにしてほしいと願ってやみません。

1970年代、アメリカの商務省規格基準局（NBS）が新しい暗号方式を公募しました。これに対し、多くの大学や研究機関、コンピュータ会社などが応募しました。その結果、IBMの考案した「ルシファー」が採用されました。あとになって、国家安全保障局（NSA／National Security Agency）がそれを改良し、1977年、DES（Data Encryption Standard）をつくりました。これは「秘密鍵暗号」という方式で、その後世界で広く使用されました。

＊「DES」は、56ビットの鍵をもっていながら、計算処理量が少なく小型のコンピュータでも利用できる、リアルタイム通信などにも用いることができる、といった特徴がある。反面、鍵がそれほど複雑でなく、1990年代に入ると、コンピュータの発達にともなって安全性に不安が生じたが、実際には鍵はやぶられなかったといわれている。この暗号は、かなり長いあいだ世界の金融業界などで多く利用されてきた。

★

　1998年に公開された映画に、ブルース・ウィリス主演の『マーキュリー・ライジング』というのがあります。これは、NSAが巨費を投じて開発した暗号システムへ、精神に障害をもつ少年・サイモンが偶然侵入。国家の極秘暗号「マーキュリー」を解読してしまうというところからはじまります。

　ストーリーはつぎのようです。NSAは、この事実を隠蔽するために少年一家を皆殺しにします。しかし運よく難を逃れた少年は、FBIエージェントと出会います。そのエージェントが、ブルース・ウィリスです。彼は少年を助け、当局から逃げとおします。

DVD「マーキュリー・ライジング」
発売元：NBCユニバーサル・エンターテイメント
©1998 Universal Studios. All Rights Reserved.

　この映画では、解読できるはずのない暗号が解読されてしまいました。暗号の機密保持だけのために、何の関係もない少年の家族が抹殺される！　この映画は、暗号がどれほど重要でこわいものかを、世界じゅうの人びとにあらためて知らせてくれました。

★

　アメリカでそうした映画がつくられた背景には、DESの話があったと見るべきでしょう。アメリカでも日本でも、いや世界じゅうのあらゆる国で、国家の情報セキュリティーが破られない保証はありません。映画の世界が現実にならないとはいえないのです。

　わたしは、みなさんにこうした思いをもってもらって、パート2「近現代の戦争と暗号」を読んでほしいと願っています。

パート2 | 近現代の戦争と暗号

① アメリカ独立戦争と暗号

アメリカ独立戦争（1775～1783年）の指導者ベンジャミン・フランクリンやジェームズ・マディソン、トマス・ジェファーソンらは、「単換字暗号」を用いて情報のやりとりをしていたことが知られている。

ベンジャミン・フランクリン

ジェームズ・マディソン

トマス・ジェファーソン

さまざまな試み

1文字を1つの文字や数字に変える暗号（単換字暗号）は、すぐに解読されてしまう。そこで1文字を2つの文字に変えたり（2文字換暗号）、それ以上の文字数にしたり（多文字換暗号）など、さまざまな工夫がこらされ、アメリカの独立戦争を舞台にして実践された。その結果、その後世界に広がる暗号が、この時期にどんどんつくられていった。

そうしたなか、当時よくつかわれたのが書籍暗号（→p29）だった。

とくに『新綴り字事典』という事典が鍵としてよくつかわれたという。

もっとくわしく！　トマス・ジェファーソン

『独立宣言』の草案を書いたことで知られるトマス・ジェファーソンは、暗号に関しても造詣が深かった。彼は1795年頃、「ジェファーソンの輪」という暗号機を発明している。それは26枚の円盤がついた円筒状のもので、円盤の縁には1枚ごとに順不同のアルファベットが刻まれ、円盤自体にも番号が書いてある。暗号化には、円盤を適当な順番に並べかえてから、円盤のどこか1行に平文が表示されるようにそろえると、暗号文はほかの1行になる。受信者は円盤を指定の順番に並べかえてから、暗号文がどこか1行に表示されるようにそろえる。ほかの行から意味のある文を探すと、それが伝えたい文になっているのだ。これは、1922年にアメリカ陸軍が採用したM-94という暗号機の元になったもので、暗号史上高く評価されている。しかし、ジェファーソン自身は、自分の発明であるにもかかわらず、あまり活用しなかったともいわれている。

ジェファーソンの輪。

インビジブル・インク*

アメリカ独立戦争時代に発明された暗号用の道具としては、「インビジブル・インク（見えないインク）」が有名だ。これは「あぶり出しインク」ともいわれることからもわかるとおり、液体の化学反応で、何も書かれていないように見えるところから文字があらわれるというもの。ミカンやレモンの果汁で紙に字を書いて火であぶるという実験をしたことのある人は多いだろうが、これらも暗号として通用したということだ。

インビジブル・インクは、大きく2種類にわけられる。過熱による方法と化学反応によるものだ。前者は有機インクといわれ、熱が加わると酸化し、通例、茶色に変化する牛乳、酢、石鹸水、ワイン、水でうすめたコーラ、たまねぎの汁などがつかわれる。後者は、レモン汁とヨウ素、硫酸鉄と炭酸ナトリウムなど多くの例がある。

文字が印刷されている紙に、インビジブル・インクで書くこともある。例えば、本のページにインビジブル・インクで書いた場合、見た目には本の内容しか読めない。

* 上の インビジブル・インク という部分は、実際に見えないインクで印刷してあります。その部分を『音筆』とよばれるITペンでタッチすると、音筆に内蔵されているスピーカーから音声が流れます。なお、このことについて興味のある方は、今人舎までメールでお問い合わせください。

極小文字

文字を非常に小さくして見えなくすることで暗号をつくる技術が、1930年代にドイツで開発された。当初、顕微鏡を逆にするようにして撮影された写真を、あらかじめどこに極小の文字があるかを知らされた受信者が、顕微鏡で読んだといわれている。第2次世界大戦前のドイツや冷戦時代の1950年代のソ連が、この暗号を利用した。

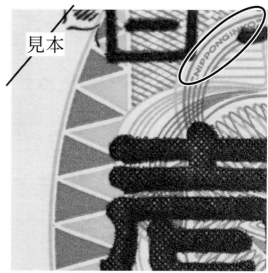
見本

見本

現在の日本のお札にも、偽造を防ぐため極小文字がつかわれている。これも暗号と同じ技術といえる。写真は1万円札に印刷された「NIPPON GINKO」の極小文字。

もっとくわしく！ ステガノグラフィー

インビジブル・インクなどをつかって、通信文の存在そのものを隠してしまい、通信文があること自体に気づかれないようにする手法は、「ステガノグラフィー」とよばれている。

ステガノグラフィーの例としては、古くは奴隷の頭をそって、そこに暗号文を書き、毛が生えてくるのを待ってから使者として送りだしたということがあった。

② 情報戦争はアメリカの南北戦争から

アメリカ南北戦争（1861～1865年）は、「電信技術」が開発されてからおこったはじめての大きな戦争だった。この時代の暗号は、電信技術とともに進歩した。南北戦争は、あらたな暗号の開発とその解読を競いあう「情報戦争」の黎明期となったといわれている。

「電信」とは？

「電信」は、文字や数字を符号にしたものを電気信号で送る技術だ。当時は、声をやりとりする〈電話〉はまだ発明されていなかった。電信でつかわれた符号は、暗号の一種だった。

しかし、そうした暗号は、実際の戦争では、それほど大きな役割をはたさなかったといわれている。なぜなら南軍・北軍ともに、電信でもたらされた情報を信用しない者が多かったからだ。

カレン・プライス・ホッセル著『ヒエログリフ・暗号』には、次のように書かれている。

> 「1種類の暗号をつかうのではなく、指揮官によってまちまちの暗号がつかわれました。したがって指揮官同士の連絡は容易でなく、自分の正しい鍵をつかっても解読できないので、情報が誤って伝わることがありました。」

（吉村作治・山本博資監修『ヒエログリフ・暗号』p79）

南北戦争をえがいた絵。
LC-USZ62-83277

モールス信号とは？

左に記した状況のなかで、おおいに活用された暗号があった。それは「モールス信号」だ。1837年にサミュエル・F・B・モールスによって発明された電信技術である。

モールス信号は、長い音（長音）と短い音（短音）の組みあわせでアルファベットを表す。モールス信号を書きあらわしてみると、右ページの表になる。短音を「・」、長音を「ー」で表記することができる。当時のモールス信号機では、電流を短く流して切ることで「・」、少し長く流して切ることで「ー」を表した。

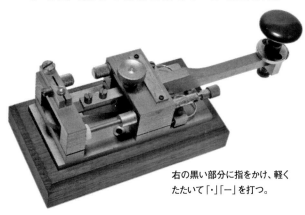
右の黒い部分に指をかけ、軽くたたいて「・」「ー」を打つ。

モールス信号表

A	·—	0	—————
B	—···	1	·————
C	—·—·	2	··———
D	—··	3	···——
E	·	4	····—
F	··—·	5	·····
G	——·	6	—····
H	····	7	——···
I	··	8	———··
J	·———	9	————·
K	—·—	.	·—·—·—
L	·—··	,	——··——
M	——	?	··——··
N	—·		
O	———		
P	·——·		
Q	——·—		
R	·—·		
S	···		
T	—		
U	··—		
V	···—		
W	·——		
X	—··—		
Y	—·——		
Z	——··		

和文モールス信号

イ	·—	ヤ	·——
ロ	·—·—	ケ	—·——
ハ	—···	フ	——··
ニ	—·—·	コ	————
ホ	—··	エ	—·———
ヘ	·	テ	·—·——
ト	··—··	ア	——·——
チ	··—·	サ	—·—·—
リ	——·	キ	—·—··
ヌ	····	ユ	—··——
ル	—·——·	メ	—···—
ヲ	·———	ミ	··—·—
ワ	—·—	シ	——·—·
カ	·—··	ヱ	·——··
ヨ	——	ヒ	——··—
タ	—·	モ	—··—·
レ	———	セ	·———·
ソ	———·	ス	———·—
ツ	·—·—·	ン	·—·—·
ネ	—···—	゛	··
ナ	·—·	゜	··——·
ラ	···	ー	·——·—
ム	—	、	·—·—·—
ウ	··—	（	—·——·—
ヰ	·—··—	）	·——·—·
ノ	··——		
オ	·—···		

もっとくわしく！
懐中電灯でモールス信号

モールス信号は、懐中電灯を利用して送られることもあった。「・」はパッと点灯させ、「ー」は少し長めに点灯させるのだ。これは、夜間、海洋での船どうしのやりとりには最適の情報伝達手段だった。

もっとくわしく！ トンツー

日本語では、短音を「トン」または「ト」、長音を「ツー」ということから、モールス信号のことを「トンツー」ということがあった。モールス信号は、電信につかわれるのはもちろん、音や光、人の声で表されるなど、さまざまに活用された。しかし、ほかの通信技術の発展にともない、しだいにつかわれなくなり、日本では1996年に海上保安庁がモールス信号による通信をおこなわなくなった。現在では、一部の漁業無線やアマチュア無線などでつかわれるだけになった。

3 第1次世界大戦でもっともつかわれた暗号

第1次世界大戦(1914年7月28日～1918年11月11日)がはじまると、イギリスは、ドイツが北海の海底に引いた海底通信ケーブルを切断(1914年8月)。するとドイツは、無線電信に移行。しかし、無線は敵国に傍受されてしまう。そこで、ドイツは無線で送る情報を完全に暗号化した。

無線が高めた暗号の重要性

20世紀は「戦争の世紀」といわれるほど、常に世界のどこかで戦争がおこなわれてきた。

19世紀末にグリエルモ・マルコーニが無線機を発明すると、電信は無線電信にかわった。しかし、無線は誰が聞いているかわからない。そのため、暗号の重要性がいっそう高まり、よりすぐれた暗号が開発された。同時に暗号の解読技術も発展した。

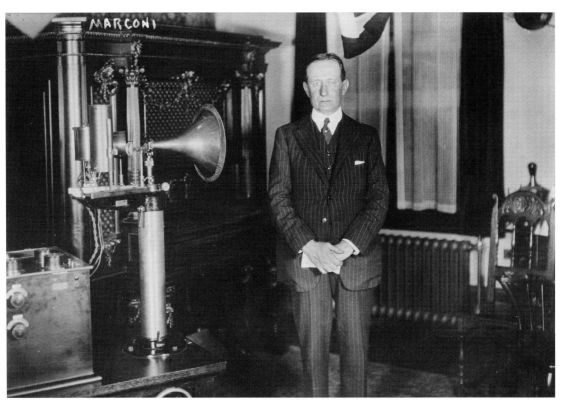

無線機を発明したグリエルモ・マルコーニ。マルコーニは無線通信の発展に貢献したとして1909年にノーベル物理学賞を受賞した。

LC-DIG-ggbain-34478

パート2 近現代の戦争と暗号

暗号解読で戦局が一変

　イギリスはドイツの暗号を解読しようと必死だった。当時ドイツが使用した暗号は、「コードブック」とよばれる鍵により4文字のコードに変換したのち、単換字をおこなうというものだった。だが、単換字のアルゴリズムは単純であったため、暗号の秘匿はコードブックにかかっていた。

　ドイツ船がロシア沖で沈没すると、そこからコードブックが見つかり、イギリスに渡ってしまった。しかし、それだけでは暗号は解読できなかった。コードブックを読みとく鍵がわからなかったからだ。ところが、もう1つのコードブックが別の難破船から見つかった。イギリスは、2つのコードブックを詳細に比較しながら調べあげた。そうしてついにドイツの暗号無線の解読に成功。結果、1915年のドッガーバンクの海戦でドイツ艦隊を待ちぶせることができて、勝利をおさめた。

　イギリスの暗号解読の成果は数えきれない。例えば、「世紀の女スパイ」といわれるダンサーのマタハリの逮捕もそうだった。イギリスの海軍省暗号室（通称「40号室」）が傍受した、スペインのマドリードとドイツのベルリンとのあいだの交信にあった「諜報員H21号」に対する活動指示から、諜報員H21号を、マタハリであるとつきとめたのだ。

ドッガーバンクの海戦で転覆するドイツの艦船。

もっとくわしく！　ダンサーのマタハリ

　ダンサーとして活躍していたマタハリの踊りは、ベルリンやパリで話題となり大成功。彼女はしだいに上流階級の社交場へ出入りできるようになった。すると、フランス情報部がマタハリにドイツの情報をスパイするよう依頼。ところが、マタハリはフランスを裏切り、ドイツにも情報を流す二重スパイになったといわれている。

　本当にマタハリが二重スパイだったのかどうかは証明されていないが、イギリスが傍受したドイツの暗号の解読により、フランス当局は、マタハリを逮捕。彼女は1917年、ドイツのスパイとして処刑された。

マタハリの肖像写真。LC-B2-4364-7

④ アメリカの世論を戦争に向けた暗号

アルトゥール・ツィンマーマン（右の写真）は、第1次世界大戦中のドイツ外相だった。彼は、アメリカの参戦をはばむため、メキシコにアメリカを攻撃させようとした。アメリカの軍事力をヨーロッパに向けさせないように考えた計画だった。しかし……。

LC-DIG-ggbain-23342

アメリカの宣戦布告と暗号

1917年1月16日、アルトゥール・ツィンマーマンはメキシコにいるドイツ大使に暗号電信を打った。それは、4桁または5桁の数字だらけのものだった。

この暗号は、イギリスによって傍受され、ただちに解読された。しかし、イギリスは暗号の内容について、同盟国でありながらもアメリカにはしばらく伝えなかった。なぜなら、イギリスはドイツの暗号を解読できることをドイツに知られたくなかったからだ。

イギリスは、この暗号をアメリカが独自で入手し、解読したように偽装した上で、アメリカ大統領トーマス・ウッドロウ・ウィルソンに渡した。

ウィルソン大統領は、その当時、アメリカの世論がドイツとの戦争に反対の気運にあったため、深く悩んだといわれている。

ウィルソンは考えぬいた末、3月1日、その電報の内容を新聞に発表。すると、それまでドイツとの戦争に反対していた国民が一変。それがきっかけとなり、アメリカの世論は一気に参戦ムードにかたむき、ついにアメリカはドイツに宣戦布告することになった。暗号の解読が歴史を動かしたのだ！

その暗号には、次のように書かれていた。

> 「メキシコがドイツの味方になってアメリカを攻撃すれば、その見返りとして失われた領地であるテキサス州、ニュー・メキシコ州、アリゾナ州を与える」

（前掲『ヒエログリフ・暗号』p86）

ドイツとの断交を発表するアメリカのウィルソン大統領。

38

ドイツの新しい暗号

イギリス・アメリカが暗号を解読していることを知ったドイツは、さらにすぐれた暗号の開発を進めた。

1918年のある日、フランスがドイツの無線電信を傍受していると、突然すべての通信文が5つの文字（A、D、F、G、X）だけで表されるようになって、大さわぎ。ドイツが「ADFGX暗号」とよばれる新しい暗号をつかいはじめたのだ。

この暗号は、フリッツ・ナベル大佐という人が考案したもので、図のように5×5のマス目にアルファベット26文字が入れられていた（「i」と「j」は同じマスに入れる）。また、たて軸・横軸にはともにA、D、F、G、Xの5文字が並べられた。

	A	D	F	G	X
A	a	b	c	d	e
D	f	g	h	i/j	k
F	l	m	n	o	p
G	q	r	s	t	u
X	v	w	x	y	z

※この例ではアルファベット順に並んでいるが、各文字は任意に配置された。

この原理は、ポリュビオス暗号（→p16）と同じもの。だが、ポリュビオス暗号が文字を数字に置きかえるのに対し、この暗号は名前の通りA、D、F、G、Xの5文字だけがつかわれている。数字でなく文字がつかわれる点では、18ページに記した上杉謙信の暗号と同じだ。

A、D、F、G、Xの5文字になった理由は、モールス信号で送信する際にいちばん識別しやすいためだといわれている。

電話で通信するドイツ兵。当時、電話は線が必要で盗聴の危険もある通信手段だった。

LC-DIG-ggbain-18273

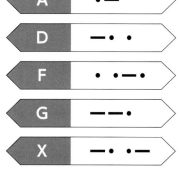

⑤ 進化しつづける暗号技術

5×5の座標に記したドイツの「ADFGX暗号」は、結局はフランスに解読される。まもなくしてドイツは「V」を加えて、6×6の座標式暗号に進化させた。その名も「ADFGVX暗号」である。同じマスに入れられていた「i」と「j」も別のマスに入った。

ADFGVX暗号

6×6＝36個の枠をもつ座標に、アルファベット26個、および0～9の数字が入る。

右の表のアルファベットと数字は、任意に配置されたものだ。もちろん、暗号を送る側と受ける側が同じ座標軸を共有していなければならないのはいうまでもない。

この暗号は、第1次世界大戦中に、ADFGX暗号をフランスに解読されたドイツが考案した。1918年6月、フランスは、ドイツにパリから100kmにまでせまられ、早急に次の攻撃目標を予想する必要にせまられていたところで、暗号の解読に成功。ドイツ軍を退けることに成功した。

このように、第1次世界大戦中は、暗号を改良してはまた解読されるということがくりかえされた。

	A	D	F	G	V	X
A	e	p	7	n	d	o
D	2	w	a	1	q	k
F	l	8	x	f	c	3
G	h	v	z	5	m	j
V	s	0	b	g	9	t
X	u	i	6	r	y	4

フランス領内に侵攻するドイツ軍。暗号を解読されたことで、フランス軍に撃退された。

LC-DIG-ggbain-18699

パート2 近現代の戦争と暗号

ADFGVX暗号のつくり方

実際にADFGVX暗号で暗号をつくってみる。

❶伝えたいメッセージをアルファベット表にしたがって、暗号化する。

平文

I got 2 maps.
（2つの地図を手に入れた）

→

暗号文

XDVGAXVXDAGVDFADVA

❷上記の暗号文だと、ポリュビオス暗号(→p16)やADFG X暗号と変わらず、解読されやすい。
次の段階として、鍵を用意する。まず、キーワードをWINDOWとする。
最初と最後のWは重複するため、最後のWを省略し、
WINDO を鍵とする。

❸次にWINDOを1行目に入れ、その下の行に❶で作成した暗号を、2行目から順に入れていく。

W	I	N	D	O
X	D	V	G	A
X	V	X	D	A
G	V	D	F	A
D	V	A		

❹WINDOを、アルファベット順に並べかえる。

D	I	N	O	W
G	D	V	A	X
D	V	X	A	X
F	V	D	A	G
	V	A		D

❺上記の表でできたアルファベットをたてに並べると、暗号が完成する。

暗号文 GDFDVVVVXDAAAAXXGD

41

⑥ 日清・日露戦争の暗号

日本で暗号がつかわれだしたのは上杉謙信・武田信玄の時代だった。しかし、江戸時代には鎖国していたせいで暗号の進歩は見られなかった。日本で暗号が発展するのは、明治時代以降のこと。とくに日清戦争（1894〜1895年）、日露戦争（1904〜1905年）の頃だった。

明治時代の初期

右は明治時代初期につかわれた暗号だ。1つは「イロハ」を置きかえた「イロハ48文字暗号」で、もう1つはイロハを逆さまに並べて7つずつずらしたもの。ともにカエサル暗号（→p12）と原理が同じだ。

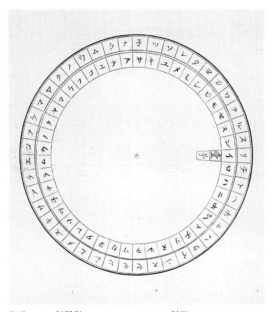

明治時代の暗号盤（国立国会図書館蔵）。内側の円に「イロハ」が、その外側の円に暗号となる文字が書かれた単純なもの。

平文

イロハニホヘト　チリヌルヲ
ワカヨタレソ　ツネナラム
ウヰノオクヤマ　ケフコエテ
アサキユメミシ　ヱヒモセスン

↓

暗号

ヨマモノタケセ　ロレフスン
ハソコニツエ　ホテヤヒヱ
ネヘナトチラア　リムユサウ
ルヌヰヲキワク　メミイオカシ

平文

イロハニホヘトチリヌルヲワカ
ヨタレソツネナラム
ウヰノオクヤマケフコエテアサ
キユメミシヱイモセスン

↓

暗号

チトヘホニハロインスセモイヱ
シミメユキサアテエコフ
ケマヤクオノヰウムラナネツソ
レタヨカワヲルヌリ

パート2　近現代の戦争と暗号

日露戦争

　1904年に日露戦争がはじまる。日本は1905年には、旅順を陥落させて、勢いに乗じ、1905年5月、ロシアのバルチック艦隊に大打撃をあたえた（日本海海戦）。これは、日本海海戦の出撃の際に実際につかわれた暗号文だ。

　下の ■ 内が暗号で、そのほかの意味が通るようにつくられている。

　また、暗号の ■ 内3文字も、真ん中だけが文字や単語に置きかえることになっていて、1文字目と3文字目には意味がない。さらに3文字の真ん中の1文字を、何かの言葉に対応させるといった非常に複雑なアルゴリズムをもっていた。

| アテヨ　イカヌ　ミユトノケイ |
| ホウニセツシ　ノレツ　ヲハイ |
| タダチニ　ヨシス　コレヲ |
| ワケフ　ウメル　セントスホン |
| ジツテンキセイロウナレドモ |
| ナミタカシ |

アテヨ	ア**テ**ヨ	敵
イカヌ	イ**カ**ヌ	艦隊
ノレツ	ノ**レ**ツ	連合艦隊
ヲハイ	ヲ**ハ**イ	は
ヨシス	ヨ**シ**ス	出動
ワケフ	ワ**ケ**フ	撃沈
ウメル	ウ**メ**ル	滅

「敵艦隊見ゆとの警報に接し、連合艦隊は直ちに出動、これを撃沈滅せんとす。本日天気晴朗なれども波高し」

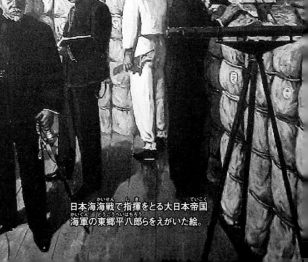

日本海海戦で指揮をとる大日本帝国海軍の東郷平八郎らをえがいた絵。

⑦ 大日本帝国海軍の暗号

「新高山登レ一二〇八（ひとふたまるはち）」。これは、大日本帝国海軍が残した暗号のなかでもっとも有名なものの1つといわれる。1941年12月2日、連合艦隊長官山本五十六が発した暗号電信である。しかし、この電信は、暗号とよべるほどのものではなかった！

「新高山登レ」とは？

太平洋戦争開戦の直前、アメリカとの戦争を決定した大本営は、連合艦隊に対し「空襲第一撃ヲX日（後令ス）黎明時ト予定ス」と命令していた。

これを受けた連合艦隊は11月26日、択捉島のヒトカップ湾からハワイの真珠湾を目指していた。このX日を指定したのが「**新高山登レ一二〇八**」だった。

「新高山登レ一二〇八（ひとふたまるはち）」という暗号文は、平文をD暗号（→p46）により暗号化し、モールス信号（→p34）で連合艦隊の全部隊に打電されたのだ。

「新高山登レ」とは、各艦隊の司令長官と各戦隊司令官だけに伝えられた隠語。そのなかの「新高山」は、実際に台湾にある玉山で、当時の日本領のなかでは、最高峰の山である（標高3997メートル）。

「一二〇八」の不思議

「一二〇八」は、X日のこと、すなわち12月8日である。この数字は、D暗号に変換されていなかった。その理由はこれまでさまざまな憶測をよんできたが、はっきりしたことはわかっていない。

日本は、日清・日露戦争や第1次世界大戦の「情報合戦」から、暗号の重要性を十分に理解していた。しかも上杉謙信の暗号など、

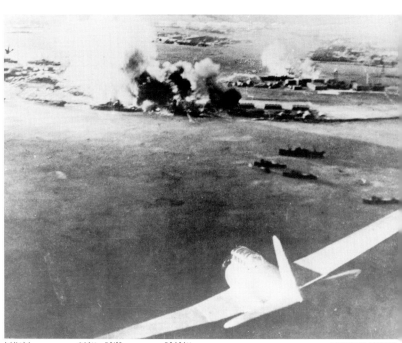

真珠湾でアメリカの艦隊を攻撃する日本の航空隊。

LC-USZ62-129812

44

パート2 近現代の戦争と暗号

すぐれた暗号技術もあった。それなのに「一二〇八」を暗号化していない⁉

アメリカ軍はすぐに、「新高山登レ一二〇八」を解読して、12月8日に攻撃があることを知った。

そうだったにもかかわらず、アメリカは真珠湾において日本の急襲で大打撃を受けた。このことに対し、アメリカは、日本の攻撃を知っていながら、わざと被害を受けたという説まで出されている。日本の真珠湾攻撃は、アメリカ国民の激しい怒りを買った。そして大多数のアメリカ国民は戦闘の士気を高めることになった。これは、第1次世界大戦への参入の際の事情に似ているのではないだろうか（→p38）。

同年12月2日には、陸軍に向けても真珠湾攻撃を知らせる暗号電信が送られた。そこにも「日ノ出ハ山形」という隠語がつかわれた。「日ノ出」は「開戦日」、「山形」が「8日」を表す。もし攻撃を「1日」にする場合は「広島」、「2日」なら「福岡」などと決めてあったといわれている。

こうした話については、これまで多くの研究がおこなわれて議論をよんできた。

トラトラトラ

「トラトラトラ」は、かつては日本人の多くが知っていた言葉だ。戦争を知る人には忘れたくても忘れられないという。しかし、戦後生まれの日本人が多くなった今、この言葉を知る人は減る一方だ。もとより、「トラトラトラ」は、「新高山登レ」ののち、連合艦隊長官山本五十六の元へ届いた暗号だった。日本海軍航空隊が真珠湾攻撃が成功したことを伝えたもので、その意味は、「ワレ奇襲ニ成功セリ」だった。

この暗号が日本で有名になったのは、真珠湾攻撃をみごとにえがいた、1970年公開の日米合作映画「トラ！ トラ！ トラ！（TORA! TORA! TORA!）」の影響が大きい。20世紀フォックス社が社運をかけて製作した力作だ。日・米両者の立場を公平にえがいた作品として好評価された。

真珠湾攻撃で飛行隊長を務めた淵田美津雄中佐機からは、「トラトラトラ」に先立ち、「全軍突撃セヨ」という意味の暗号「ト・ト・ト」も打信されている。ところが、この電信について知る日本人は少ない。

もっとくわしく！
映画『トラ！ トラ！ トラ！』と『パール・ハーバー』

『トラ！ トラ！ トラ！』の公開から約30年たった2001年、『パール・ハーバー』が公開された。この2本の映画は、ともに真珠湾攻撃を題材としてつくられた戦争映画だが、同じ史実をあつかったにもかかわらず、評価が正反対！ 忠実に日米双方の立場を公平かつリアルにえがいた『トラ！ トラ！ トラ！』は日本では熱狂的に受けいれられたが、ア

メリカでは興行的に大失敗。

一方、『パール・ハーバー』は、アメリカで大成功。しかし、日本では、日本軍に対する偏見的な描写や歴史考証の矛盾などに対する批判が多く出た。それでも、日本でもある程度ヒットしたという。その理由は、公開時に「戦場恋愛映画」として宣伝されたからだった。

⑧ D暗号とは？

日本海軍は、1928年より本格的な暗号を採用しはじめた。当初、暗号名は、甲、丙、乙、戊、辛とよばれたが、のちにD、F、G、H、Jとローマ字でよぶようになった。第2次世界大戦の際、日本がもっとも多くつかった暗号が、「D暗号」（旧日本海軍が広くつかった「海軍暗号書D」）だ。

D暗号の概要

D暗号でつくった暗号書は、1940年12月1日から使用が開始された。それらは、「暦日換字表」「特定地点略語表」「特定地点表示表」などの種類があった。

「特定地点略語表」は、「A」がアメリカ領太平洋諸島、「B」がボルネオ、「C」が香港などという具合に、1つ目のアルファベットがだいたいの地域を示し、2つ目はさらにくわしい場所を指すというものだ。例えば、アメリカ領太平洋諸島（ミッドウェー諸島）ならば、「AF」とされ、ハワイ群島は「AH」だった。

真珠湾攻撃の前に解読

しかしD暗号は、アメリカによって真珠湾攻撃の前に解読されていた。しかも、アメリカは、1942年1月、沈没した日本の潜水艦から暗号に関する機密文書を発見し、同年3月には日本の暗号をリアルタイムで解読できるようになっていた。

こうしたなかで、ミッドウェー島をめぐる激しい海戦がおこなわれたのだ（6月5日から7日）。結果は、日本の敗北。その原因の1つに、D暗号が解読されていたことがあげられている。

当時、D暗号は、改良が進められていたという。実際、1942年5月28日には、「D1暗号」として完成したといわれている。しかし、時すでに遅し。ミッドウェー海戦にはまにあわなかった。

もし、もっと早く完成していれば、日本のミッドウェー海戦の敗北は、なかったかもしれないといわれている。

香港（C）
ハワイ（AH）
ミッドウェー諸島（AF）
ボルネオ島（B）

ちょっとひとやすみ

ミッドウェー海戦

ミッドウェー海戦は、第2次世界大戦の戦局を変えた。
日本海軍はその際、当時所有していた正規空母10隻のうち8隻を動員。
しかし日本海軍は、圧倒的に有利といわれながら、アメリカ海軍に敗北した。

信じられない勝利

　ミッドウェー海戦についてアメリカ自らが、「信じられない勝利」と表現していることからも、アメリカにとってむずかしい戦いだった。なぜアメリカが勝ったのか？ アメリカ軍は、1942年1月、日本の伊号第124潜水艦を撃沈。暗号に関する機密文書を奪取し、日本の作戦のほぼすべてがわかっていたからだったといわれている。

　もとより、アメリカは、かなり早い段階から日本がこの海域に勢力を集中していることに気づいていたが、日本の攻撃目標が不明。すなわち、日本の暗号の「AF」がわからず、その特定に躍起になっていたのだ。

　アメリカは、ミッドウェー島の守備隊からハワイの指令部に向け、「ミッドウェー島の海水濾過装置が故障した」という偽の報告をおこなった。それを日本側が傍受。情報の真偽もたしかめずに東京へ「AFは真水が不足」と報告。アメリカの偽情報作戦はみごと的中。「AF」がミッドウェーだと確信するに至った。しかし、あまりにもかんたんに「AF」がミッドウェー島だとわかったため、日本の罠ではないかと考える人も多かったという。しかし、アメリカ太平洋艦隊司令官のチェスター・ニミッツ提督は、反対意見を振りきり、空母3隻を投入し、海戦に勝利。第2次世界大戦の戦局が大きく変わった。

炎上する日本の戦艦。

⑨

エニグマ暗号

第1次世界大戦は、第2次世界大戦での暗号とその解読技術の発展につながった。暗号を解読できるかどうかで戦いの勝敗が決まることを経験した各国は、よりすぐれた暗号をつくりだそうとした。「エニグマ」は、ドイツが開発した機械で、暗号をつくる装置のことだ。

第2次世界大戦と暗号技術

第1次世界大戦の最大の教訓は、二度と悲惨な戦争をおこさないということだった。しかし、その願いもむなしく、第2次世界大戦が勃発。

第2次世界大戦の際には、ドイツが機械で暗号をつくる技術を発展させた。その代表的なものが、アルトゥール・シェルビウスによって考案された「エニグマ」で、次つぎに改良機が開発されていった。

ローター

ランプボード

キーボード

ふたの裏側に「ENIGMA（エニグマ）」の文字が見える。

絶対に解読できない!?

「エニグマ」は、回転板を利用して文字を置きかえるしくみの装置だ。キーボードのような26文字のアルファベットのキーがついていて、5〜8種類の回転板のなかから3枚の回転板を選んで取りつけてキーを打つ。すると回転板が回ってまったく異なった文字が打ちだされるのだ。5〜8種類の回転板の組みあわせにより、1つの言葉を2万通り近くの暗号に変えることができる。エニグマでつくられた暗号を解読するには、5〜8種類の回転板のなかから正しい3枚を選び、その3枚を正しい順番で取りつけ、しかも、どれがどのアルファベットを打つキーかが定まっていないキーボードを打つ必要がある。キーは、自由に変えることができるように設計されている。とうてい解読不能と思われていた。

48

「エニグマ」の構造

　エニグマは、一見してタイプライターのようにも見える。1文字を打つと別の文字に変換されるというだけではない。

　回転板により、1文字打つごとに、その変換法則が変わるようになっている。その構造は下の図のようになっていた。

エニグマのしくみ
❶暗号化したい文字のキーを押す（仮にAを押したとする）。
❷回転板1から回転板3へ、電気信号が配線を通じて流れる。
❸電気信号がランプボードに伝えられ、暗号化された文字（この場合はC）が光る。
❹1文字打つごとに回転板1～3は少しずつ回転するので、同じアルファベットを入力しても、ランプボードでは別のアルファベットが光る。

回転板のしくみ
❶簡略化したもの。左側の端子はキーボードに、右側の端子はランプボードにつながっている。

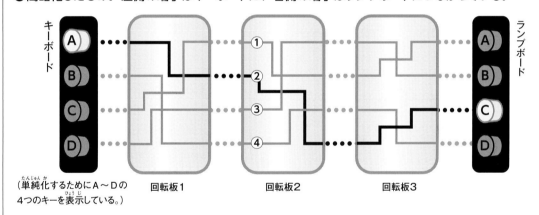

（単純化するためにA～Dの4つのキーを表示している。）

❷ ❶の状態から回転板2を矢印の方向へ4分の1回転させた状態。
キーボードとランプボードの接続が変わり、これによって換字法（字を換える手段）が変わる。

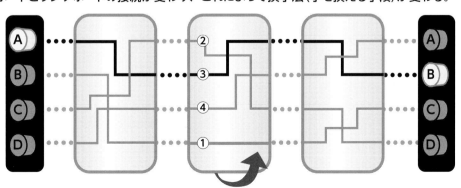

⑩ エニグマの終焉

ドイツのエニグマは複雑で精巧！ エニグマの暗号は解読不可能と見られていたが、ドイツに痛めつけられていたポーランドが、根気づよく解読技術を研究。とうとうおおよその解読技術を獲得した。その技術がイギリスに渡り、難攻不落のエニグマも落城するときがきたのだ！

ドイツのUボート

第2次世界大戦の初期から、イギリスはドイツのUボート（潜水艦）に苦しめられてきた。イギリスは、物資のほとんどを海外に依存していたため、船舶による物資の輸送が死活問題だった。Uボートにより輸送が断たれることは戦争に負けることを意味した。こうしたなか、ドイツのUボートがどこにあらわれ、どこで船をおそうかを知ることは、イギリスにとって必要不可欠だった。

イギリスは、ドイツ軍最高司令部が発する暗号通信を傍受することにはすでに成功していたが、いくら通信を傍受できていても、内容がまったくつかめなかった！

エニグマは10万台以上存在したかも？

エニグマは、非常にすぐれていたので、広範囲に普及。一説では、10万台以上がつかわれていたという。だが、そのことがあだとなって解読につながったといわれている。

イギリスは、エニグマでつくられた暗号通信文を大量に入手。それらを念入りに調べあげた。はたして1942年、ついに解読に成功。結果、ドイツ軍の暗号通信文を次から次へと解読していった。結果得た情報は、1944年6月のノルマンディー上陸作戦でも活用されて、連合軍の勝利に大きく影響したといわれている。エニグマの暗号が解読できたおかげだったのだ。

イギリス軍を苦しめたドイツ軍のUボート。

> ちょっとひとやすみ

2つの戦争映画

エニグマについて、『U-571』『エニグマ』といった映画がある。

『U-571』
（2000／アメリカ）

映画『U-571』では、エニグマの解読に成功したのは、イギリスだったにもかかわらず、アメリカがエニグマをうばいとったという設定になっていた。そのため、イギリス国民の反感をかったという。

なお、映画『U-571』は、アメリカ軍がUボートからエニグマを強奪したところで終わっている。

また、2000年には『Uボート 捕獲大作戦～エニグマ暗号を解読せよ』というテレビ番組が制作され、ビデオも発売された。このビデオの内容は、史実にもとづくものばかりでなく、脚色されたものもあった。

『エニグマ』
（2001／ドイツ・イギリス）

『エニグマ』では、エニグマが生みだす難解な暗号解読システムに挑戦するイギリスの暗号解読チームの活躍がえがかれた。

ストーリーは、ようやく解読に成功したエニグマの暗号が突然変更されてしまったことからはじまる。しかも、解読ができなければ、大量の輸送物資を積みこんで大西洋を航行する大輸送船団が、ドイツのUボートの攻撃にさらされることは確実だった。

イギリス諜報部は最初にその暗号を解いた解読チームの中心的存在である天才数学者をよびだし、解読にあたらせる。また、ドイツが暗号コードを突然変えたのは、解読チームのなかにスパイがいてドイツに情報を流しているからではないかと考え、捜査。スパイと疑われたのは、天才数学者の元恋人の女性だった。彼女は行方不明。暗号と格闘しながら、元恋人の行方をさがす天才数学者……。

実際には、暗号解読チームの存在はイギリスでも長いあいだ秘密にされていた。1970年代前半までは、その仕事が一般市民に知られることはなかったといわれている。チームの存在が明らかにされたのは、1990年代に入ってからだった。

『エニグマ』のDVD（現在は販売されていない）。

⑪ コード・トーカーとは？

「コード・トーカー」は、暗号を読みあげたり聞きとったりする人のこと。アメリカは日本と戦争をしていた1942年に、ナバホ語を話す人にコード・トーカーを依頼。ナバホ語は、アメリカ先住民族の言語で、少数の人しか話せない。

ナバホ族

1942年、ナバホ特別保留地で育ったフィリップ・ジョンストンが、ナバホ語を暗号にすることを提案した。ナバホ語はアメリカ人にもほとんど知られていない言語であるため、それで交信してもわからないと考えたのだ。ナバホ語は、独特の言葉の順序や声の調子があり、コード・トーカーがつかう言語には最適だった。

まもなく、ナバホ語を話せる28人が集められ、コード・トーカーとして活動を開始。彼らのはじめての仕事は「ガダルカナル攻略戦」のときだったとされ、その後、「サイパン上陸作戦」や「硫黄島攻撃」などでも活躍したとされている。

日本は、アメリカの暗号通信を傍受しても、内容がまったくわからなかった。結局、日本はナバホ語の暗号を解読できないまま敗戦。アメリカはその経験から、戦後になっても、ナバホ語のコード・トーカーを用いていた。

当時のコード・トーカーたちは近年、アメリカ政府から戦時中の功績を認められ、表彰を受けた。2001年には、彼らの活躍をえがいた『ウインドトーカーズ』という映画がハリウッドでつくられた。

伝統衣装を着たナバホ族。現在でも、親から子へナバホ語は継承されている。

もっとくわしく！ 鹿児島弁と暗号

アメリカがナバホ語という少数民族の言語をつかったのと同じように、第2次世界大戦中、日本の外交官が早口の鹿児島弁で重要事項を電話連絡したことがあった。普通なら、戦時下の電話は盗聴されている前提で暗号がつかわれるが、早口の鹿児島弁は同郷人でないとわからないほど独特の方言であるため、暗号と同じような役割をはたしたのだ。

LC-USZ62-56419

ちょっとひとやすみ

外国語は暗号!?

石川啄木は、自分の日記を妻に見られたくないので、ローマ字で書いたといわれている。
知らない言葉は、暗号と同等の効果がある。日本の五十音を外国の文字に
置きかえることは、暗号化することだともいえるかもしれない。

外国語を暗号として利用

最近、日本の若い人のなかで、外国の文字が人気になっている。少し前の「韓流ブーム」では、ハングルを学ぶ人が急増した。また、ビルマ文字がメガネみたいでかわいいなどという人や、ヒエログリフに興味をもつ人も少なくない。ハングル、ナーガリー文字（インドの文字）、タイ文字、ビルマ文字、アラビア文字、そしてヒエログリフなど、さまざまな文字をつかって、日本語の五十音を表す入門書もある（『世界の文字と言葉入門』小峰書店、『見て・書いて・読んでみるハングル』同友館など）。

外国語の文字を、左ページのナバホ語や早口の鹿児島弁のように、「秘密を保つために当事者間にのみ了解されるように取り決めた特殊な文字や言葉」として利用する場合、それは暗号になるのではないか。

本書では、巻末にいくつかの外国語の文字をつかった日本語の50音表をのせてある。また、86ページに書いた考え方から、点字と指文字の50音表も掲載してある。

香港の看板は繁体字（→p23）。

韓国の市場の横断幕。

ミャンマーのバスに見えるビルマ文字。

エジプトの道路標識。

パート3　これも暗号・あれも暗号　①

手でふれる暗号

ナポレオン時代のこと、フランスの砲兵大尉にシャルル・バルビエという人がいた。彼は技術家であり、発明の才能にたけていた。彼は「ターブレット」とよばれる伝言板を回覧して伝える暗号文字を考案。これこそが、現在の点字の原形である。

砲兵への合図

バルビエが考案したターブレットは、うすい板紙の上に点やダッシュを浮きぼりにして、夜間でも手でふれて読むことができるもの。あらかじめ定めておいた約束にしたがって読解する暗号だ。バルビエは、この暗号文字を「夜間文字」と名づけた。

除隊したバルビエは、その暗号文字を視覚障害者のために活用できないかと考え、さまざまな改良をくわえ、パリの訓盲院（世界最初の盲学校）にもちこんだ。

たて6点、横2列の12個の点による点字に興味をもったのが、パリの訓盲院の生徒だったルイ・ブライユという12歳の少年だった。長じてその学校の教師になる。

それ以前訓盲院では、視覚障害者の文字として墨字（点字に対し、一般の文字を指す言葉）の形を浮きぼりにして、手でその文字の形をさぐって読むという方法がとられていた（浮きだし文字）。しかし、これでは読むのに不便だし、書くのはさらにたいへん。

彼は、バルビエの12点点字に改良をくわえ、1825年、たて3点、横2列の6点点字を考案した。1つのマス目のなかで、6つの点の組みあわせによりアルファベットと数字を表す文字体系を完成させたのだ。

しかし、その6点点字は歓迎されず、授業では「浮きだし文字」の教科書がつかわれていた。

もっとくわしく！　ルイ・ブライユ

ブライユは1852年に亡くなったが、その2年後の1854年、彼の6点点字がフランスで公式文字として認められた。それから100年後の1954年、パリで開かれた「世界点字統一会議」（ユネスコ主催）で、全世界がブライユの点字を視覚障害者の文字として採用する決議がおこなわれ、しだいに世界じゅうでつかわれるようになっていった。

日本の点字

現在日本でつかわれている点字は、1文字が1～6つの点で構成されている。

点は1つ1つが出っぱっていて、その出っぱりを指でさわって左から右へ、横に読んでいく（下の写真）。

点字は、たて2列のうち、左上側が母音、右下側が子音になっている。日本語の母音は5つ（a、i、u、e、o）あるが、それを左上側の3つの点で表すのだから、母音の点をうまく組みあわせなければならない。

この工夫は1890年、小学校教師の石川倉次により完成された。彼は日本語の仮名が母音と子音（k、s、t、n、h、m、y、r、w）で構成されている（例えば、kとaの組みあわせでka）のを合理的に利用して、1マス6点で、63通りの組みあわせを考案したのだ。

①②④　**母音を表す点**
③⑤⑥　**子音を表す点**

しかし逆に、組みあわせが63通りしかないことから、1つの点の組みあわせで、いくつかの字を表すことになる。たとえば①の点が、「あ」「1」「a」の3つの字になるという具合だ。

それらを区別するために別の1マスを置いて、数字の前には「数符」、アルファベットの前には「外字符」とよばれる点を示すのだ。すなわち、2マスで「あ」「1」「a」を区別して見せるわけだ。

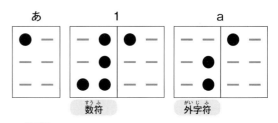

濁音や半濁音を表すときにも、それぞれの1マスの前に濁音や半濁音を表す点を示すための1マスを加えて2マスで表す。

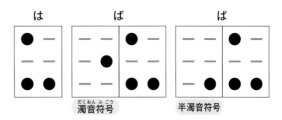

このように、点字は、6つの点の組みあわせと点字の特徴から生まれたいくつかの規則が暗号のようだといわれる。実際、点字はもともと戦争の暗号として発明されたわけで、「点字＝暗号」といえないこともない。戦争の道具として考案された点字が、その後、視覚障害者の文字として発展したというのは、まさしく暗号の影と光であるといえよう。

耳で聞く・目で見る暗号

電信技術が発明される前、遠くはなれたところにいる人に情報を送る方法として用いられていたものに、太鼓がある。これは、古代からつかわれている「太鼓言葉（トーキング・ドラム）」ともいわれるもの。一方、目で見る暗号として、狼煙も人類史上古くからある。

トーキング・ドラム

いまでもアフリカの原住民などが受けついでいるトーキング・ドラムは太鼓をたたくリズムや音の強弱、高低、長短などにより、さまざまな情報を伝えることができる。

トーキング・ドラムはモールス信号にも似ている。しかし原理はまったく違う。モールス信号が1つずつの文字を表すのに対し、ドラムはひとかたまりの情報を示すものだ。1文字ずつを表す指文字と、単語や文を表す手話の関係（→p58）と同じなのだ。一方、「太鼓言葉」という言葉からわかるように、トーキング・ドラムは暗号ではなく、あくまでも言葉である。ところが、音の強弱、高低、長短といった約束・手順（暗号のアルゴリズムにあたる）がわからない人にとっては、暗号と同じだ。これは、手話が、わからない人にとって暗号のように感じるのと同じだ。

狼煙

人類は太古の昔から煙（狼煙）をつかって情報を伝えてきたといわれている。狼煙は「目で見る言葉」なのだ。煙の出し方に意味をこめるわけだが、その方法は、「秘密を保つために当事者間にのみ了解されるように取り決め」られているので、暗号といってまちがいない。

たたき方によってさまざまな情報を遠くに伝えるトーキング・ドラム。

山梨県北杜市にある若神子城の狼煙台（復元）。

パート3 これも暗号・あれも暗号

手旗信号

　手旗信号は、船上の水兵などがほかの船や陸にいる人とやりとりするときにつかわれる暗号だ。両手に小旗をもって腕を上げ下げする。両手の旗の位置の組みあわせにより、1文字ずつアルファベットなどに置きかえるものだ。

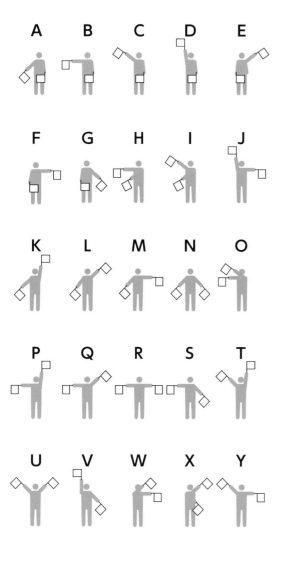

野球の暗号「サイン」

　野球でつかわれるサインも暗号だ。「秘密を保つために当事者間にのみ了解されるように取り決めた」目で見る暗号である。隠語（→p60）といってもよい。

　ピッチャーとキャッチャーのやりとりはもちろん、ベンチと野手、野手どうしという具合に野球場内のいたるところでサインが飛びかっている。しかし、「当事者間」でない人にはわからない。旗こそもっていないが、手旗信号にも通じるものがある。

　野球では、送り手は暗号を瞬時に送り、受け手も瞬間的に判断する。「アウトコース低めにカーブを投げろ」「次はバントをするから、1塁走者は2塁へ走れ」といったことが、少しの動作や手の動きで表されるのだ。

キャッチャーは、相手チームに見えないように
ピッチャーに指でサインを送る。

手話・指文字

「手話」は、手や指、表情、からだ全体をつかって表す、目で見る言葉である。これに対して「指文字」は、指の形でアルファベットや数字、日本語の仮名などを表すもので、手話をおぎなうためにつかわれる。両者は、会話のなかで適時つかわれる。

手話の例

「わたしは あなたが 好きです」という気持ちを伝えるには、人さし指で自分の胸のあたりを指し、次に相手を指し、最後に「好き」の動作（図参照）をする。

わたしはあなたが好き。

わたし
右手の人さし指で、自分のことを指す。

あなた
右手の人さし指で、相手を指す。

好き
親指と人さし指をあごにあて、斜め前につき出しながら指をとじる。

あなたの名前は何ですか？

あなた

右手の人さし指で、相手を指す。

名前

手のひらを前に向けて、胸の前に立てた左手の真ん中を、右手の親指でおさえる。

何

右手の人さし指を立てて、左右に2回ふる。

ですか？

手のひらを上に向けて、前へ差しだす。

手話と指文字の違い

手話は、言葉を「手の動き」に置きかえたもの。一方、指文字は、その名の通り、1文字ずつ異なる指の形で五十音の文字を表すものだ。

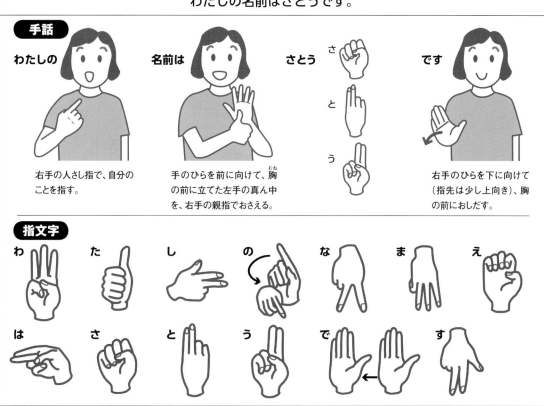

もっとくわしく！ 暗号であそぼう

点字や手話、指文字は、おぼえるのはたいへんだ。それでも、あそびを通して、点字、手話、指文字をおぼえることの意義は、大きい！

「点字は、6つの点の組み合わせで、仮名文字やアルファベット、数字、音楽記号などがつくられています。数字は仮名文字の『あ行』『ら行』の前に数符記号をつけます。例えば、『26』と点字で書いた場合、数符記号をとると『イエ』になり、『26ニ カエル』は『イエニ　カエル』という暗号になります。」

これは社会福祉法人桜雲会という福祉団体がつくった絵本のなかの1ページだ。紙に実際の点字が打たれている。このように、点字の世界でも暗号が楽しまれているのは、まちがいない。もともと、点字が暗号から生まれたものだからだろうか。点字をより身近なものにするために、暗号がつかわれている。点字の暗号は、決してタブーではないのだ。一方、手話の世界では、「障害をもつ人びとのためのコミュニケーション言語」なのだから、点字暗号のようなことをしてはいけないという意見がある（→「おわりに」）。

隠語・業界用語

「隠語」とは、一見何気ない語句であるが、わかっている人には違う意味をもつという類の言葉。ほかの人には何をいっているのかわからなかったり、違う意味に聞こえたりする。テレビ業界など、一部の「業界人」とよばれる人につかわれることが多いため、現在では「業界用語」ともいわれる。

警察・テレビ業界

警察では、犯人や容疑者のことを「ほし」ということがある。こういう言葉を隠語とよぶ。次は、警察関係者以外の人でも聞いたことがあるだろう。

ごんべん	さんずい
詐欺。	汚職。

にんべん	きっぷ
偽造。	逮捕状。

次は、テレビ業界の隠語だ。

あご	あし
食事代。	交通または交通費。

よだれかけ
出演者のあごの下から胸にかけてできる影。

きえもの	わらう
消えてしまうもの。	片づけること。

ケツカチ(ケツカッチン)
撮影の終わる時間が決まっていること。

また、「タクシー」を「シータク」、「コーヒー」を「ヒーコー」というように、単語を逆にすることがよくある。隠語は、ゲーム、証券、タクシー、スポーツなどの業界で多くつかわれているという。

数字の隠語

隠語はそれを知っている人しかわからないため、隠語をつかう仲間どうしの連帯感が深まるといわれている。

1980〜90年代、日本じゅうにポケベル(メールのような機能をもった通信機器)が広まったが、数字しか送れなかった当初、数字が隠語としてつかわれていた。

0840	889
おはよう	はやく

7241016	3470
なにしている	さよなら

その後ポケベルが進歩し、カタカナが表示されるようになると、メッセージを送信する際、50音の行と段に割りあてられた番号を電話機で打ちこむようになった。それは、じつは上杉謙信の暗号(→p18)と同じ座標式暗号だった。

パート3 これも暗号・あれも暗号

「ギャル文字」

携帯電話でメールを送ることがふつうになってくると、「ギャル文字」とよばれるものが登場！ そうした文字はとても読みにくく、打ちこむのもたいへんだが、「秘密を保つために当事者間にのみ了解されるように取り決めた特殊な文字」として、一時期大流行した。

日本のギャル文化

「ギャル（gal）」とは、「女の子、若い女性」、「とくに明るく社交的で、流行のファッションを取りいれるなどの行動を通じ、感覚を共有しようとする女性についていう」と辞書にある。なかには独特の文字をつかうことで、自らのアイデンティティを感じる人がいるという。それが「ギャル文字」。これは、1文字をわざわざ2文字にわけたり、似ている記号に置きかえたりする。決まった規則があるわけでなく、仲間内の感覚でつくられることが多い。例えば、「た」という文字をわざわざ2分して、「ナ」と「ニ」にしたり、「て」は郵便局の符号「〒」をつかったりと、一時期広まった。まさに暗号そのものだった。それにしても読みにくいので、現在は、すでにすたれてしまったものが多い。これが日本の「ギャル文化」ということなのか。

おはようございます。
↓
ぉレ†ョぅ⊃ヾ±〃レヽмаt

ギャル文字で書いた「いろは歌（漢字も使用したもの）」。（色＝「いろ」、レょ＝「は」、レニ＝「に」、レま＝「ほ」、∧＝「へ」、ーC"＝「ど」、散ヽ）＝「ちり」、ぬ、ゑ＝「る」、を、我＝「わ」、ガ＝「が」、世＝「よ」、ナニ＝「た」、れ、ξ"＝「ぞ」、常＝「つね」、ナょ＝「な」、ら、£ヽ＝「む」、有為＝「うゐ」、＠＝「の」、奥山＝「おくやま」、今日＝「けふ」、走戊＝「越」、ぇ＝「え」、τ＝「て」、浅＝「あさ」、キ＝「き」、夢見＝「ゆめみ」、ι"＝「じ」、酉卆＝「ゑ（酔）」、ひもせず）

もっとくわしく！ 英語のギャル文字

ギャル文字には、英語をつかう人たちの暗号的な習慣もある。例えば、「for」を「4」にしたり「to」＝「2」、「you」＝「U」にしたりする。これらが海外からの伝来によるものなのか、それともギャルたちが自ら編みだした技なのかは、不明だが、see を c とするところは、英語ではあり得ない。なぜなら、日本人には同じように聞こえる「シー」という音は、発音がまったく異なるからだ。

GR8　CU　luv
グレート　シーユー　ラブ
great　see you　love

⑥ 顔文字とエモーティコン

ギャル文字に似たものに、記号を組みあわせてつくる「顔文字」がある。もともとは、喜怒哀楽などを表す単純な顔文字が多かったが、しだいに動作や動物なども顔文字で表すようになってきた。同じような顔文字は英語にもあり、「エモーティコン」とよばれている。

変化する顔文字

⊂((〃'⊥'〃))⊃
サル

U^ェ^U
イヌ

うれしい

くやしい

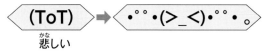
悲しい

左側の顔文字は流行りだした初期のもの。それがだんだんと複雑になっていき、文までが顔文字で表されるようになった。

○o。.(-。 -)y-~~
煙草を吸う

英語の顔文字（エモーティコン）

英語にも顔文字がある。日本の顔文字と違い、顔が横向きになっているのが特徴だ。

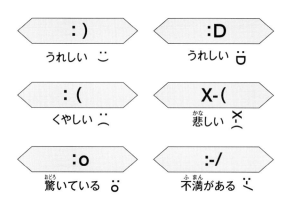

じょじょに複雑な顔文字がつかわれるようになってきたのは、英語も同じである。

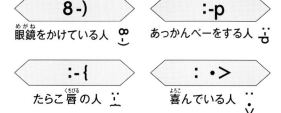

英語よりも日本語のほうが顔文字を多くつかうようだが、顔文字が登場したのは英語のほうが先だといわれている。

パート3 これも暗号・あれも暗号

文字ぬき言葉

「あたすたごたたじにたこたいた」という文から「たぬき」、すなわち「た」をぬいてみると、「あすごじにこい（明日5時に来い）」となる。これは、「たぬき言葉」といわれる暗号だ。非常に単純だが、知らないとわからないものだ。文語ならともかく、口語では、さっぱりわからない！

「ひとりで読む手紙」「いいつける手紙」

「たぬき言葉」と同じ種類の暗号には、「ひとりで読む手紙」「いいつける手紙」「息ぬきに読む手紙」などがある。

① よひるでひんひわひすひひる

② あいすあいおう

③ さいくいらがいかきぎ

①は「ひとりで読む手紙」、すなわち「ひ取り」で読むものだ。鍵の文字「ひ」が何度も出てきてしまうのは、暗号としては大きな弱点をはらんでいることになる。復号化すると、「よるでんわする」になる。

②は短い文のため、どの文字が鍵かわかりにくい。だが、「い」をぬいてみると平文があらわれる。「い」が余計にたされているので「い」を「くっつける」手紙、すなわち「いいつける手紙」というわけだ。平文は「あすあおう」となる。

③は鍵が2文字あるので、少々むずかしい。これは「い」と「き」が余計だ。つま

り、「い」と「き」を「ぬく」ので、「息ぬきに読む手紙」である。平文は、「さくらがかぎ」となる。なお、この種の暗号には、平文のなかに鍵となる文字と同じ文字を入れられないという弱点がある。「ひとりで読む手紙」では、「平木さん」は「らきさん」になってしまう。

Let's Try つぎの暗号を解いてみよう！

1 はてしのうえてでまてつ

2 はごりじにはこいはり

3 きはしらききのしきたをきほれ

4 みりぎわのひおりきだわしおりをわあおりけりろ

5 かはぎてをみしてしつはけててたして

答え 1ほしのうえでまつ（「て」であえて読む手紙）、2ごじにこい（「は」のいいつける手紙）、3しらきのしたをほれ（「き」をぬく手紙）、4みぎわのおりだしをあおりけろ（「わ」「り」のいいつける手紙）、5かぎをみしつはけてたせ（「て」のいいつける手紙）

63

パート4 暗号をつくる

多文字暗号

1文字を複数の文字に変換してつくる暗号がある。なんと5文字に！
単換字ならつくるのも簡単だが、5文字となると暗号化も復号化もめんどうだ。
鍵もしっかり保管しなくてはならない。このパートでは、少し
ややこしい暗号をつくることからはじめてみたい。

1文字→5文字

A	かぞえうた	N	かええええ
B	かかぞえう	O	ええええええ
C	かかかぞえ	P	ううえうた
D	かかかかぞ	Q	うううえう
E	かかかかか	R	うううぞえ
F	ぞぞえうた	S	かううう
G	ぞぞぞえう	T	うううう
H	ぞぞぞぞえ	U	たたえうた
I	かぞぞぞぞ	V	たたたえう
J	ぞぞぞぞぞ	W	たたたぞえ
K	えええうた	X	かたたたた
L	えええええう	Y	たたたたた
M	えええぞえ	Z	たうえぞか

A	アナグラム	N	アグググ
B	アアナグラ	O	グググググ
C	アアアナグ	P	ラララグラム
D	アアアアナ	Q	ラララグラ
E	アアアアア	R	ララララグ
F	ナナグラム	S	アラララア
G	ナナナグラ	T	ラララララ
H	ナナナナグ	U	ムムグラム
I	アナナナナ	V	ムムムグラ
J	ナナナナナ	W	ムムムナグ
K	ググラム	X	アムムムム
L	ググググラ	Y	ムムムムム
M	ググググナグ	Z	ムラグナア

上の表は、アルファベット1文字を5文字のひらがなにした「暗号表」の例だ。「かぞえうた」という5文字がローテーション式に並びかえられている。逆に見れば、ひらがな5文字を、アルファベット1文字ずつに置きかえるのが、この暗号のアルゴリズムということだ。

```
うううう　ええええええ　ええうた
たたたた　ええええ
```

答えは、「TOKYO」。
       トーキョー

上の表にしたがって、下を復号化してみると

1 | アラララア　アナグラム　ググラム
    ムムグラム　ラララナグ　アナグラム

2 | ググググナグ　グググググ　ググググナグ
    アナナナナ　ナナナナナ　アナナナナ

3 | ググググナグ　ムムグラム　ググラム
    ムムグラム　ナナナグラ　アアアアア

答えは、1「SAKURA」、2「MOMIJI」、
        サクラ   モミジ
3「MUKUGE」。
  ムクゲ

— 64

パート4 暗号をつくる

頭字語暗号

「頭字語暗号」は、何行も続く文章のなかで、行のはじめや終わりの文字だけを取りだして読んでみると平文が出てくるというもの。英語などの場合、各行の最初や最後の単語を並べて平文をつくることもある。

アクロスティック

日本にはある言葉のなかの1文字1文字が、文頭にくるようにして、いくつかの文をつくるというあそびがある。テレビの人気長寿番組「笑点」でよくおこなわれている「あれ」だ。

司会者が名前や地名などの「お題」を出す。すると、笑点メンバーが、名前・地名の1文字1文字からはじまる単語や文をおもしろおかしくいう。

例えば、「太田亜希（おおたあき）」という人の場合、「お」「お」「た」「あ」「き」からはじまる言葉を続ける。

- お　おらかで
- お　おきな声がよくとおり
- た　べるのが大好き
- あ　こがれのひと
- き　れいな女性

このあそびは、英語では「アクロスティック」とよばれているものだ。

例えば、『不思議の国のアリス』の作者、ルイス・キャロルは、アクロスティックが得意だったことで知られている。

続編の『鏡の国のアリス』の本では、巻末の詩がアクロスティックになっていて、Alice Pleasance Liddellと続いているが、これは、アリス・プレザンス・リデルで、アリスのモデルになった女性の名前だといわれている。「ALICE」のアクロスティックである。

- **A** boat beneath a sunny sky,
- **L** ingering onward dreamily
- **I** n an evening of July —
- **C** hildren three that nestle near,
- **E** ager eye and willing ear,

頭字語暗号のつくり方

頭の文字から文をつくるあそびを記したが、じつは、このあそびのやり方こそが、頭字語暗号のつくり方なのだ。まず、「太田亜希」や「ALICE」のように、平文を書いてから、1文字1文字を最初の文字とする言葉を考えればよいのだ。

65

レールフェンス暗号

「レールフェンス暗号」は、日本語にすると「線路のさく暗号」になる。
これは、平文の文字を2本の平行線の上に交互に置いていき、
すべてを置きおえたら、
上の行から横に読んで暗号文にする。

「レールフェンス暗号」の例

　下は、「レールフェンス暗号」の例だ。①の平行線は2本。②③は平行線が3本ある。平行線が3本以上ある場合、上から下に順に線を続けていくこともあれば、1本おきに続けたりするなどさまざまだ。平行線が増えるほど暗号は複雑になる。

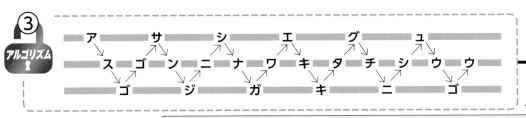

パート4 暗号をつくる

レールフェンス暗号のつくり方

「ライシュウノモクヨウビノ15ジニキョウトホテルノロビーデアイマショウ」を例にし

てルーフェンス暗号をつかい暗号化してみると、下のようになる。

---

❶ 平文を2文字ずつ区切る。

ライ	シュ	ウノ	モク	ヨウ	ビノ	15	ジニ	キョ	ウト	ホテ
ルノ	ロビ	ーデ	アイ	マシ	ョウ					

❷ 平文の文字を2本の平行線の上に置く。

ひとつ目の文字を上の行に、2つ目を下、3つ目を上と、交互に置く。

1行目	ラ	シ	ウ	モ	ヨ	ビ	1	ジ	キ	ウ	ホ	ル	ロ	ー	ア	マ	ョ
2行目	イ	ュ	ノ	ク	ウ	ノ	5	ニ	ョ	ト	テ	ノ	ビ	デ	イ	シ	ウ

❸ 1行目の文字を書きだし、そのうしろに2行目の文字を続ける。

> ラシウモヨビ1ジキウホルローアマョイュノクウノ5ニョトテノビデイシウ

英語でも

❶ 平文 Shall we meet in the Kyoto Hotel at 15 on Thursday.

Sh	al	lw	em	ee	ti	nt	he	Ky	ot	oH	ot	el	at	15	on	Th	ur	sd	ay

❷

1行目	S	a	l	e	e	t	n	h	K	o	o	o	e	a	1	o	T	u	s	a
2行目	h	l	w	m	e	i	t	e	y	t	H	t	l	t	5	n	h	r	d	y

❸

> SaleetnhKoooea1oTusahlwmeiteytHtlt5nhrdy.

Let's Try つぎの暗号を解いてみよう!

1 ワテノンウカドニイウリレキアゴノイクセコセ

2 てつのめよにゆげをいくきぎあのるしつきけかす

3 ISMNHSIOHTDMTTUOOAHNSIAEAE

（こたえは下の棒のように）

答 1 リライシゴウンノクイイクセキアコノリレ（接線の根旁の解題に気がつたか） 2 てしつもにゆのきはあのめよりくすげをいきき（東京の町の地中に書を埋めたとうに） 3 ITSUMONOHASHINOSHITADEMATE（下館の橋の下で待て）

67

ルート転置式暗号

「ルート転置式暗号」は、マス目にたて・横・ななめの任意の方向に平文を書きこんで、あいているマス目には、平文をわかりにくくなるように適当な文字を入れて暗号化するもの。復号化は、一定の経路にそって文字をひろっていく。旧日本海軍もこの暗号をつかっていた。

ルート転置式暗号の例

旧日本海軍では、送信側と受信側の双方が、たて横が10マスで、なかのマス目が半分ほど黒くぬりつぶされている表をもっていた。この表は、15パターンほどあったという。

例えば「ワレテキノコウゲキヲウク」と伝えたい場合は、平文を番号の若い列から、たてに記入していく。これを、小さい数字の行（0、1、2……）から、順に横に読んでいくと暗号化された文章ができる。つまり「レワキコヲゲキクテウウノ」が暗号となる。

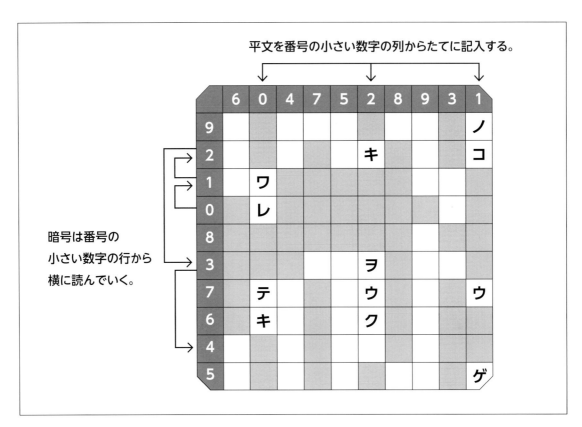

パート4 暗号をつくる

⑤ メッシュ暗号

コナン・ドイルは、『踊る人形』でアルファベットを人形の絵に置きかえた。同じように視覚障害者の使用する点字は、文字を点の組みあわせに置きかえたものだ。ここで見る「メッシュ暗号」は、90度に交わった線分と点で表す幾何学模様に置きかえたものだ。

メッシュ暗号のつくり方

百聞は一見にしかず。まずはつくってみる。

❶アルファベット26文字を記入できるよう、9つのマス目（♯）と、大きな×を2枚ずつ用意する。♯と×のそれぞれ1枚には、目印となるよう下のような丸い点を打つ。

❷下のように、任意の位置にアルファベットを1文字ずつ入れていく。

❸例えば **KYOTO HOTEL** を暗号化すると、

E→□　K→⊡（上点）　L→⌊・　T→ ＞　Y→＜・
H→⊓　O→⊡（右点）

なので、 ⊡ ＜・ ⊡ ＞ ⌊ ⊓ ⊡ ＞ □ ⌊・ になる。

ヴィジュネル暗号

ヴィジュネル暗号の「ヴィジュネル」の名は、フランスの外交官ブレーズ・ド・ヴィジュネル（1523～1596年、右の絵）に由来。これは、暗号化するのが極めて単純であるのにもかかわらず、解読するのがむずかしいというすぐれた暗号だ。

ヴィジュネル暗号づくり

ヴィジュネル暗号のつくり方を体験してみる。

はじめに、右ページの表のように26×26のマス目をつくり、1マスに1文字ずつアルファベットを入れていく。これは、はじまりの文字が1文字ずつずれている「暗号アルファベット」とよばれるものだ。

この表をつかって暗号化するわけだ。もちろん鍵が必要なのはいうまでもない。ここでは「TANAKA」を鍵にして「明日3時からはじめる」（平文）を暗号化する。

暗号化する前に、下記のようにわけておく（TANAKAの6文字にあわせて区切る）。平文の下には鍵の「TANAKA」を置く。

1文字目は、鍵がTで平文がAになる。暗号化するには、表の左はじのたて列のTと一番上の横列のAが交わるところを探す。すると、Tとなる。これをそれぞれの文字についてくりかえすと暗号文ができあがる。

暗号
TSHSKN CIXABA AAWIWE KU

この暗号を復号化するには鍵が必要。発信者は暗号とは別に「田中さん（T）にもよろしくお伝えください」などと、さりげなく鍵をほのめかす通信文を送ることが必要なのだ。また、ヴィジュネル暗号では、アルファベットが1文字ずつずれていくが、このずらし方を複雑にしたものが日本陸軍がつかった多換字暗号だった。

平文
ASUSAN JIKARA HAJIME RU

↓

鍵
TANAKA TANAKA TANAKA TA

日本陸軍の少年通信兵学校での授業。　国立国会図書館所蔵『陸軍少年通信兵』より

パート4 暗号をつくる

	a	b	c	d	e	f	g	h	i	j	k	l	m	n	o	p	q	r	s	t	u	v	w	x	y	z
A	A	B	C	D	E	F	G	H	I	J	K	L	M	N	O	P	Q	R	S	T	U	V	W	X	Y	Z
B	B	C	D	E	F	G	H	I	J	K	L	M	N	O	P	Q	R	S	T	U	V	W	X	Y	Z	A
C	C	D	E	F	G	H	I	J	K	L	M	N	O	P	Q	R	S	T	U	V	W	X	Y	Z	A	B
D	D	E	F	G	H	I	J	K	L	M	N	O	P	Q	R	S	T	U	V	W	X	Y	Z	A	B	C
E	E	F	G	H	I	J	K	L	M	N	O	P	Q	R	S	T	U	V	W	X	Y	Z	A	B	C	D
F	F	G	H	I	J	K	L	M	N	O	P	Q	R	S	T	U	V	W	X	Y	Z	A	B	C	D	E
G	G	H	I	J	K	L	M	N	O	P	Q	R	S	T	U	V	W	X	Y	Z	A	B	C	D	E	F
H	H	I	J	K	L	M	N	O	P	Q	R	S	T	U	V	W	X	Y	Z	A	B	C	D	E	F	G
I	I	J	K	L	M	N	O	P	Q	R	S	T	U	V	W	X	Y	Z	A	B	C	D	E	F	G	H
J	J	K	L	M	N	O	P	Q	R	S	T	U	V	W	X	Y	Z	A	B	C	D	E	F	G	H	I
K	K	L	M	N	O	P	Q	R	S	T	U	V	W	X	Y	Z	A	B	C	D	E	F	G	H	I	J
L	L	M	N	O	P	Q	R	S	T	U	V	W	X	Y	Z	A	B	C	D	E	F	G	H	I	J	K
M	M	N	O	P	Q	R	S	T	U	V	W	X	Y	Z	A	B	C	D	E	F	G	H	I	J	K	L
N	N	O	P	Q	R	S	T	U	V	W	X	Y	Z	A	B	C	D	E	F	G	H	I	J	K	L	M
O	O	P	Q	R	S	T	U	V	W	X	Y	Z	A	B	C	D	E	F	G	H	I	J	K	L	M	N
P	P	Q	R	S	T	U	V	W	X	Y	Z	A	B	C	D	E	F	G	H	I	J	K	L	M	N	O
Q	Q	R	S	T	U	V	W	X	Y	Z	A	B	C	D	E	F	G	H	I	J	K	L	M	N	O	P
R	R	S	T	U	V	W	X	Y	Z	A	B	C	D	E	F	G	H	I	J	K	L	M	N	O	P	Q
S	S	T	U	V	W	X	Y	Z	A	B	C	D	E	F	G	H	I	J	K	L	M	N	O	P	Q	R
T	T	U	V	W	X	Y	Z	A	B	C	D	E	F	G	H	I	J	K	L	M	N	O	P	Q	R	S
U	U	V	W	X	Y	Z	A	B	C	D	E	F	G	H	I	J	K	L	M	N	O	P	Q	R	S	T
V	V	W	X	Y	Z	A	B	C	D	E	F	G	H	I	J	K	L	M	N	O	P	Q	R	S	T	U
W	W	X	Y	Z	A	B	C	D	E	F	G	H	I	J	K	L	M	N	O	P	Q	R	S	T	U	V
X	X	Y	Z	A	B	C	D	E	F	G	H	I	J	K	L	M	N	O	P	Q	R	S	T	U	V	W
Y	Y	Z	A	B	C	D	E	F	G	H	I	J	K	L	M	N	O	P	Q	R	S	T	U	V	W	X
Z	Z	A	B	C	D	E	F	G	H	I	J	K	L	M	N	O	P	Q	R	S	T	U	V	W	X	Y

Let's Try つぎの暗号を解いてみよう!

① DIXEX（鍵：TANAKA）

② DUWIXIDOV（鍵：TANAKA）

③ DCYBYPHTVF（鍵：京都ホテル）

④ AUIHEUVNJKIXUTHQGA（鍵：筆者の名字）

答え ① KIKEN（危険） ② KUJINIKOI（9時に来い） ③ TEKITARU（敵来る） ④ SHIGEMINIKAKUSHITA（茂みに隠した）

暗号のようなアラビア語字体

知らない言語は、暗号と同じような効果を発揮するもの(→p53)。
日本人にとって不思議に感じる外国の文字は、いくらでもあるが、
アラビア文字は、その典型かもしれない。

アラビア語が「暗号」のように見えるわけ

・右から左に向かって書く(読む)。
・どこからどこまでが1文字かすらよくわからない。
・文字の形が、語のはじめにあるときと、語の途中にあるときと、語の最後にあるときで変化する。

〈区切って書いた場合〉

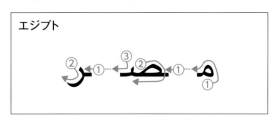

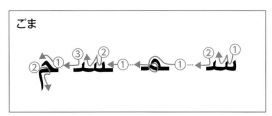

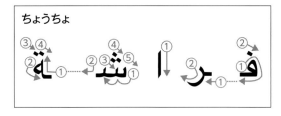

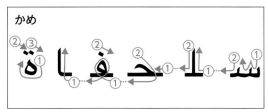

現在、英語やドイツ語、イタリア語、韓国語や中国語などができる日本人は増えてきたが、さすがにアラビア語となるとなかなか話せる日本人はいない。日本人にとって、なじみのうすいアラビア語は、暗号のように見える。その理由として次のことがあげられる。

『コーラン』。

母音字がない！

アラビア文字が暗号のような文字だという最大の理由は、母音を表す文字（母音字）がないことだ。例えば、「エジプト」を意味する「مصر」は、「m○s○r○」と読む。すなわち、○のところに母音のiとuとuを、読む人がおぎなって「misuru」（ミスル）と読むことになるのだ。

しかし、○に入る文字が、aなのか、iなのか、uなのか、読む人はどうやってわかるのか。もしも「m○s○r○」に、すべてaをおぎなって「masara」（マサラ）と読んだら、何のことかわからない。じつは、アラビア文字をつかう人なら、どの母音字をおぎなえばよいかは、自然とわかるのだといわれている。

アラビア文字に母音字がない理由として、イスラム世界では書き言葉よりも話し言葉に重きが置かれてきたからだといわれている。アッラー（神）の言葉は代だい語りつがれてきた。コーランは語りつぐべきアッラーの言葉を思いだすヒントに過ぎないのだ。

アラビア文字を「暗号」とするわけが、ここにある。暗号は「当事者間にのみ了解されるように取り決めた特殊な文字」（→p2）とされる。すなわち、イスラム教徒のあいだでのみ了解される取り決めがあるアラビア文字は、まさしく暗号なのだ。

もっとくわしく！　田中とタヌキ

アラビア文字のように、もしもローマ字に母音がなかったらどうなるだろう。ローマ字の田中（TANAKA）もタヌキ（TANUKI）も母音をとってしまうと、それぞれTNKとなり、同じだ。つまり、田中もタヌキも同じだということだ。

もっとくわしく！　アラビア語が公用語の国

公用語がアラビア語の国は、エジプトやスーダン、イラク、サウジアラビアなど20か国以上にのぼる。こんな複雑な字をよく覚えられると思うが、アラビア文字をつかっている国の数は、アラビア語を公用語にしている国よりも多い。なぜなら、アラビア語は、アラビア語以外の言葉を書きあらわすのにもつかわれるからだ。例えば、パキスタンではウルドゥー語を書きあらわすのにつかわれる。イスラム教の聖典である『コーラン』は、アラビア文字で書かれたもの以外は認められていない。そのため、どこの国のイスラム教徒もアラビア文字で書かれた『コーラン』を読むのだ。

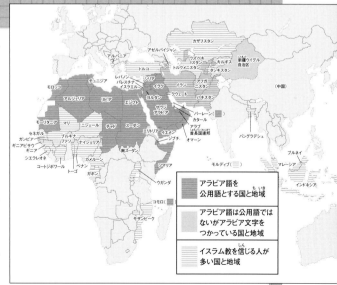

暗号づくりに役立つ **外国語の五十音表**

ここからは知らない人にとっては暗号と同じような文字効果を発揮する外国語の文字を紹介する。また、86ページの理由から点字と指文字も掲載することにした。

1 ハングル五十音表

かな					ハングル									
					語 頭					語 中				
あ	い	う	え	お	아	이	우	에	오	아	이	우	에	오
か	き	く	け	こ	가	기	구	게	고	카	키	쿠	케	코
さ	し	す	せ	そ	사	시	스	세	소	사	시	스	세	소
た	ち	つ	て	と	다	지	쓰	데	도	타	치	쓰	테	토
な	に	ぬ	ね	の	나	니	누	네	노	나	니	누	네	노
は	ひ	ふ	へ	ほ	하	히	후	헤	호	하	히	후	헤	호
ま	み	む	め	も	마	미	무	메	모	마	미	무	메	모
や		ゆ		よ	야		유		요	야		유		요
ら	り	る	れ	ろ	라	리	루	레	로	라	리	루	레	로
わ				を	와				오	와				오

※「ん」は「パッチム」という子音字がつくため、この表には入っていない。

74

※これらの表では日本語の五十音にできるだけ近い外国語の文字を示しています。

２ タイ文字五十音表

あ	อา	い	อี	う	อู	え	เอ	お	โอ
か	กา	き	กี	く	กู	け	เก	こ	โก
さ	ซา	し	ซี	す	ซู	せ	เซ	そ	โซ
た	ตา	ち	จี	つ	ทสึ	て	เต	と	โต
な	นา	に	นี	ぬ	นู	ね	เน	の	โน
は	ฮา	ひ	ฮี	ふ	ฟู	へ	เฮ	ほ	โฮ
ま	มา	み	มี	む	มู	め	เม	も	โม
や	ยา			ゆ	ยู			よ	โย
ら	รา	り	รี	る	รู	れ	เร	ろ	โร
わ	วา							を	โว
								ん	น

③ ビルマ文字五十音表

あ	အာ	い	အိ	う	အူ	え	အေ	お	အို
か	ကာ	き	ကိ	く	ကူ	け	ကေ	こ	ကို
さ	စာ	し	ရှိ	す	စူ	せ	စေ	そ	စို
た	တာ	ち	ချိ	つ	ဆူ	て	တေ	と	တို
な	နာ	に	နိ	ぬ	နူ	ね	နေ	の	နို
は	ဟာ	ひ	ဟိ	ふ	ဟူ	へ	ဟေ	ほ	ဟို
ま	မာ	み	မိ	む	မူ	め	မေ	も	မို
や	ယာ			ゆ	ယူ			よ	ယို
ら	ရာ	り	ရိ	る	ရူ	れ	ရေ	ろ	ရို
わ	ဝါ							を	အို
								ん	※単独で「ん」の音を表す文字はない。

4 ナーガリー文字五十音表

あ अ	い इ	う उ	えー ए	おー ओ
かー का	き कि	く कु	けー के	こー को
さー सा	し शि	す सु	せー से	そー सो
たー ता	ち चि	っ तु	てー ते	とー तो
なー ना	に नि	ぬ नु	ねー ने	のー नो
はー हा	ひ हि	ふ फु	へー हे	ほー हो
まー मा	み मि	む मु	めー मे	もー मो
やー या		ゆ यु		よー यो
らー रा	り रि	る रु	れー रे	ろ रो
わー वा				をー ओ
				ん न्

5 ヒエログリフ五十音表

あ	𓅃	い	𓏭	う	𓅱	え	𓏤	お	𓍢
か		き		く		け		こ	
さ		し		す		せ		そ	
た		ち		つ		て		と	
な		に		ぬ		ね		の	

ルクソール神殿のヒエログリフ。

は	🦅	ひ	🦅	ふ	🦅	へ	🦅	ほ	🦅
ま	🦅🦅	み	🦅	む	🦅	め	🦅	も	🦅
や	🦅			ゆ	🦅			よ	🦅
ら	🦅	り	🦅	る	🦅	れ	🦅	ろ	🦅
わ	🦅🦅							を	🦅
								ん	〜

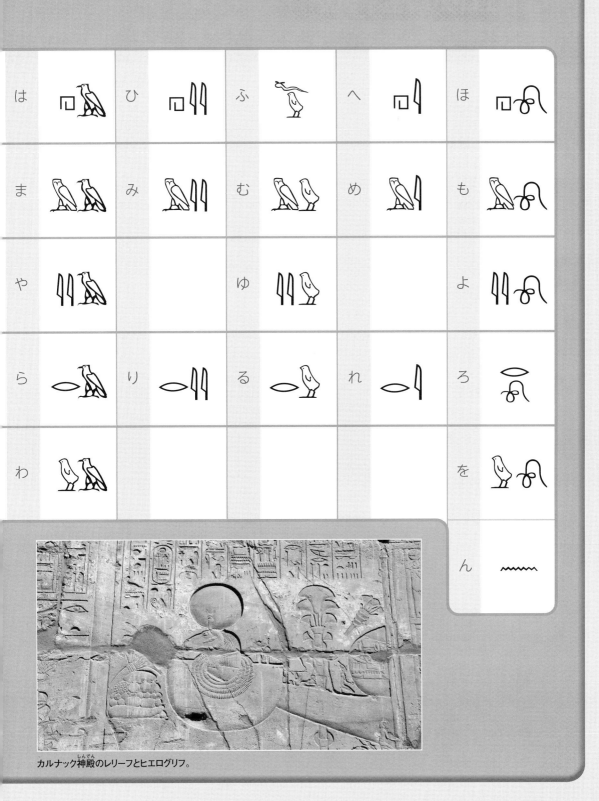

カルナック神殿のレリーフとヒエログリフ。

6 点字表

あ	●⋅ ⋅⋅ ⋅⋅	い	●⋅ ●⋅ ⋅⋅	う	●● ⋅⋅ ⋅⋅	え	●● ⋅⋅ ●⋅	お	⋅● ●⋅ ⋅⋅
か	●⋅ ⋅⋅ ⋅●	き	●⋅ ●⋅ ⋅●	く	●● ⋅⋅ ⋅●	け	●● ⋅⋅ ●●	こ	⋅● ●⋅ ⋅●
さ	●⋅ ⋅● ●⋅	し	●⋅ ●● ⋅⋅	す	●● ⋅● ●⋅	せ	●● ⋅● ●●	そ	⋅● ●● ●⋅
た	●⋅ ⋅● ●⋅	ち	●⋅ ●● ●⋅	つ	●● ⋅● ●⋅	て	●● ⋅● ●●	と	⋅● ●● ●⋅
な	●⋅ ⋅⋅ ●⋅	に	●⋅ ●⋅ ●⋅	ぬ	●● ⋅⋅ ●⋅	ね	●● ⋅⋅ ●●	の	⋅● ●⋅ ●⋅

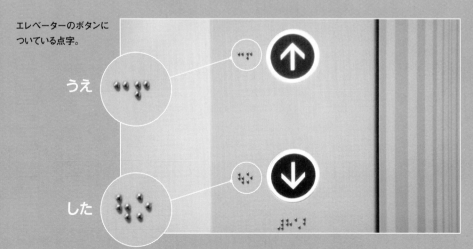

エレベーターのボタンについている点字。

うえ

した

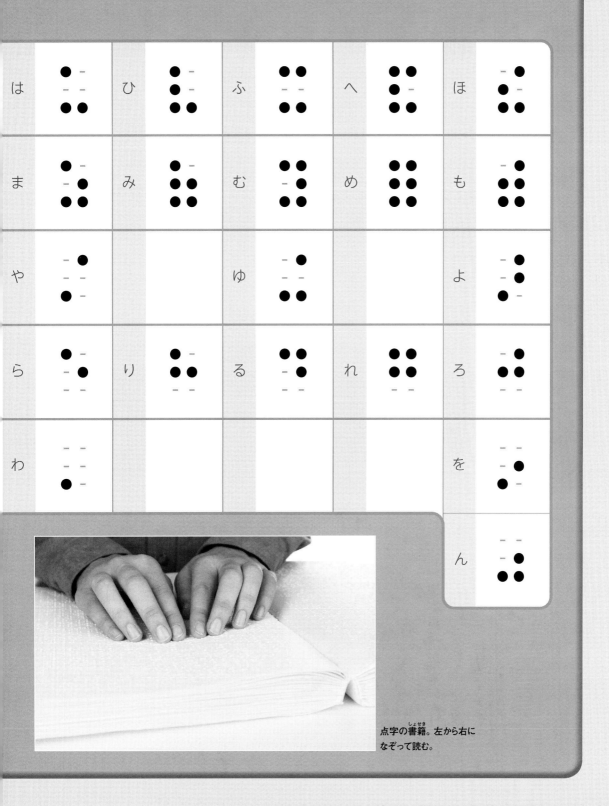

点字の書籍。左から右になぞって読む。

7 指文字表 ※相手から見た形

あ		い		う		え		お	
か		き		く		け		こ	
さ		し		す		せ		そ	
た		ち		つ		て		と	
な		に		ぬ		ね		の	

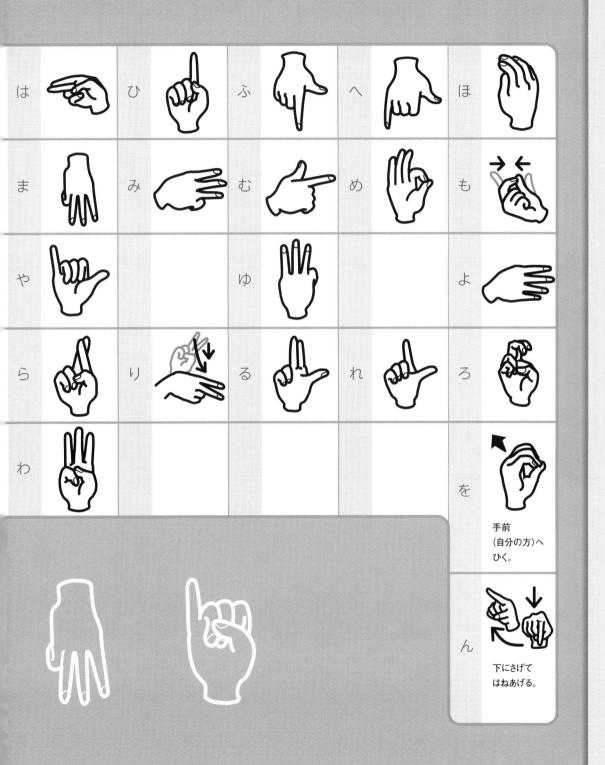

さくいん

あ
- アクロスティック ……………………… 65
- アタナシウス・キルヒャー ……………… 6
- アトバシュ ………………………………… 9
- アナグラム ……………………………14、15
- あぶり出しインク ……………………… 33
- アメリカ ……………28、32、34、38、39、44、45、46、47
- アメリカ独立戦争 …………………… 32、33
- アメリカ南北戦争 ……………………… 34
- アラビア文字 …………………… 53、72、73
- アルトゥール・ツィンマーマン ……… 38
- 暗号表 ……………………………… 14、64
- イギリス ……… 27、36、37、38、39、50、51
- 石川倉次 ………………………………… 55
- いろは歌 ………………………………… 15
- イロハ48文字暗号 ……………………… 42
- 隠語 ……………………………………… 60
- インビジブル・インク ………………… 33
- ヴィジュネル暗号 ……………………… 70
- ウィルソン ………→トーマス・ウッドロウ・ウィルソン
- 上杉謙信 ……………………18、39、42、44、60
- ADFGX暗号 ………………………… 39、40、41
- ADFGVX暗号 ……………………… 40、41
- エティエンヌ・バズリー ………… 25、26
- エニグマ ……………………… 48、49、50、51
- エニグマ暗号 …………………………… 48
- エモーティコン ………………………… 62
- 鬼文字 …………………………………… 21

か
- カエサル（シーザー）暗号 ………… 12、42
- 換字方式 ………………………………… 14
- 鹿児島弁 …………………………… 52、53
- 簡体字 …………………………………… 23
- ギャル文字 ……………………………… 61
- 旧約聖書 ………………………………… 9
- 業界用語 ………………………………… 60
- キルヒャー …………→アタナシウス・キルヒャー
- グリエルモ・マルコーニ ……………… 36
- コード・トーカー ……………………… 52
- コードブック …………………………… 37
- 極小文字 ………………………………… 33
- 古代ギリシャ文字 ………………………… 7
- 古代ローマ …………………………12、16、17

さ
- サイン …………………………………… 57
- 座標式暗号 ……………16、18、19、20、40、60
- 『三国志』 ……………………………… 22
- ジェファーソン ……………→トマス・ジェファーソン
- ジェファーソンの輪 …………………… 32
- 忍びいろは …………………………19、20、22
- 字変四八の奥義 ………………………… 18
- シャルル・バルビエ …………………… 54
- ジャン＝フランソワ・シャンポリオン …6、7
- シャンポリオン ……→ジャン＝フランソワ・シャンポリオン
- 手話 ………………………………56、58、59
- 情報戦争 ………………………………… 34
- 書籍暗号 ……………………………29、32
- 真珠湾 ……………………………44、45、46
- スキュタレー ………………………… 10、11
- ステガノグラフィー …………………… 33
- スパイ …………………………………37、51
- スペイン ………………………………27、37
- 聖刻 ……………………………………… 6
- ソ連 ……………………………………… 33

た
- タブレット ……………………………… 54
- 大暗号 ……………………………… 25、28
- 第1次世界大戦 ……… 36、38、40、44、45、48
- 太鼓言葉 ………………………………… 56
- 第2次世界大戦 ……… 33、46、47、48、50、52
- タイ文字 …………………………… 53、75
- 台湾 ……………………………………… 44
- 『ダ・ヴィンチ・コード』 ……………… 14
- 多換字暗号（多表式暗号） ………… 24、70
- 『多記法』 ……………………………… 24

たぬき言葉	63
多文字暗号	64
多文字換暗号	32
単換字	37、64
単換字暗号	32
中国	22
ツィンマーマン	→アルトゥール・ツィンマーマン
字謎	22
D暗号	44、46
手旗信号	57
デモティック	7
点字	53、54、55、59、80
電信	34、36、44、56
ドイツ	24、33、36、37、38、39、40、48、50、51
頭字語暗号	65
トーキング・ドラム	56
トーマス・ウッドロウ・ウィルソン	38
『独立宣言』	28、29、32
トマス・ジェファーソン	32
トラトラトラ	45
『トリック』	11

な

ナーガリー文字	53、77
ナバホ語	52、53
ナポレオン	7、26、54
新高山登レ一二〇八	44、45
日露戦争	42、43、44
日清戦争	42、44
2文字換暗号	32
ノック暗号	17
狼煙	56

は

バズリー	→エティエンヌ・バズリー
バルビエ	→シャルル・バルビエ
ハングル	53、74
繁体字	23
ビール暗号	28、29
ヒエログリフ	6、7、8、9、53、78
表意文字	7、8

表音文字	7、8
ビルマ文字	53、76
『不思議の国のアリス』	65
ブライユ	→ルイ・ブライユ
フランス	24、25、27、37、39、40、54、70
ヘブライ語	9
ポーランド	50
ポケベル	60
ポリュビオス暗号	16、17、18、19、39、41

ま

マタハリ	37
マルコーニ	→グリエルモ・マルコーニ
謎語	22
ミッドウェー海戦	46、47
無線	36、37
メアリー・スチュアートの暗号	27
メキシコ	38
メッシュ暗号	69
モールス信号	17、34、35、39、44、56
文字ぬき言葉	63

や

夜間文字	54
Uボート	50、51
指文字	53、56、58、59、82

ら

ルイ14世	25、28
ルイ・ブライユ	54
ルート転置式暗号	68
レールフェンス暗号	66、67
ロシア	43
ロゼッタストーン	6、7

わ

和歌	20

おわりに

　わたしは本書を書くにあたり、点字と手話についてふれるかどうか、すごく悩みました。その理由が、手話をつかっていらっしゃる方から「普段手話をつかう人間としてやり場のない憤りを感じる」といわれたこと（→「はじめに」）であることは、くりかえすまでもありません。それだけでなく、わたしには、次の経験があるからなのです。

　1996年、わたしは『はじめてのボランティア① 点字であそぼう』（同友館）という本を、ペンネーム・田中ひろしで書きました。その後しばらくして、あるラジオ番組にゲスト出演した際、ラジオを聴いている人たちから、多くのご意見が寄せられました。しかし、それらのほとんどは「点字であそぶなどというのは、視覚障害者の文化の冒涜だ」といったご批判でした。その番組は、目が見えない人向けの番組だったのです。

★

　わたしがその本を書いた頃には、子ども向けに点字を解説する本はまったくといっていいほどありませんでした。ところが、その本の発売から数年が過ぎた頃には、同種の本がどんどん出版されるようになっていました。折しも文部科学省が「総合的な学習の時間」をつくり、子どもたちにボランティアに関する学習と実践を奨励していた時期でした。

　そうしたなか、日本点字図書館のある方からお便りをいただきました。そこには、『点字であそぼう』が日本の点字教育の歴史において画期的な本になったといった内容が書かれていたのです。非常にうれしいことでした。わたしの書いた本が、点字を一般に、とりわけ子どもたちに向けて紹介を試みたはじめての本になったのです。

『点字であそぼう』（同友館）と、その内容を新訂した『新・点字であそぼう』（桜雲会監修、同友館、2011年）。

　そもそも点字は、フランスの砲兵大尉のシャルル・バルビエが考案した暗号文字がはじまりです（→p54）。うすい板紙の上に点を浮きぼりにして夜間でも手でふれて読むことができるようにしたもので、現在の点字の原形となりました。点字は、もともと暗号だったのです。このため、本書で取りあげることも許されるのではと、わたしは考えました。

手話も点字と同じくフランスではじまりました。ミシェル・ド・レペという人が1760年、パリの聾唖教育施設で、手話をつかった教育をはじめました。日本では1878年（明治11年）に、古河太四郎が京都につくった日本初の盲・聾学校「京都盲唖院」で日本手話の原形が誕生。それ以来、耳の聞こえない日本の人たちは、手話を大切な言語として発展させてきました。

　暗号は「秘密を保つために当事者間にのみ了解されるように取り決めた特殊な文字や言葉」です。しかし、手話は「秘密を保つため」のものではありません。「手話＝暗号」とすることは、決してできません。しかし、手話や指文字が暗号としてつかわれた事実もあります。
　わたしは「普段手話をつかう人間としてやり場のない憤りを感じる」といった意見に対し、「手話が暗号とはひどい決めつけ」をしたことはないと申しあげたい。わたしも手話を言語であると考えるひとりです。

★

　点字についてはもともと暗号だったから紹介するが、手話はそうではないので紹介しないのはどうしてもおかしいという思いが、手話をこの本で取りあげるかどうか迷うわたしの背中を押してくれました。また、「文字があればかならずその文字をつかった暗号がある」（→p6）という考えも、その気持ちを強化しています。「ヒエログリフ＝暗号」ということではなくても、ヒエログリフをつかった暗号があるというのと同じことです。ナバホ語も鹿児島弁も言語ですが、暗号としてつかわれたという事実があります（→p52）。

★

　暗号について調べること、理解することはいろいろな意義があると思います。読者のみなさんが、この本をどのように読みとってくださるかはわかりませんが、この本が、読者のみなさんにとって、何かの役にたてば光栄です。
　『点字であそぼう』を書いてからちょうど20年が経ちました。この間に、わたしは、ひとりの編集者として、つねにあそびやおもしろさのなかに何かを感じてもらえる本づくりをしてきたつもりです。わたしが編集を担当した本の数は、1000冊をこえました。そして自分が書いた本も70冊以上になりました。
　20年前の『点字であそぼう』は、わたしにとって1つの一里塚でしたが、この本ももう1つの一里塚にしたいと願っています。今後もこうした本づくりを続けていきたいと願っていることを付記します。

2016年7月吉日

稲葉　茂勝

●著／稲葉 茂勝（いなば しげかつ）
1953 年東京都生まれ。大阪外国語大学、東京外国語大学卒業。国際理解教育学会会員。子ども向けの書籍のプロデューサーとして多数の作品を発表。自らの著作は、『子どもの写真で見る世界のあいさつことば―平和を考える 3600 秒』『世界の言葉で「ありがとう」ってどう言うの？』（今人舎）など、国際理解関係を中心に著書・翻訳書の数は 80 冊以上にのぼる。

●編集・デザイン／こどもくらぶ
「こどもくらぶ」は、あそび・教育・福祉分野で、子どもに関する書籍を企画・編集しているエヌ・アンド・エス企画編集室の愛称。これまでの作品は 1000 タイトルを超す。

●制作／(株) エヌ・アンド・エス企画（長江知子）

●写真協力
国立国会図書館、Library of Congress、© alessandro0770/© Alfi/© MichelaD./© Pablo Debat . - Fotolia.com

●おもな参考・引用文献
『暗号事典』（吉田一彦・友清理士 著、研究社、2006 年）／『世界史を変えた「暗号」の謎（稲葉茂勝 著、青春出版社、2007 年）／『見て・書いて・読んでみる　ナーガリー文字』（町田和彦 監修、同友館、2007 年）／『見て・書いて・読んでみる　ハングル』（金碩熙 著、同友館、2007 年）／『見て・書いて・読んでみる　ビルマ文字』（加藤昌彦 著、同友館、2007 年）／『世界の文字と言葉入門5　タイの文字と言葉』（宇戸清治 監修、小峰書店、2004 年）、『はじめてのボランティア1　点字であそぼう』（田中ひろし 著、同友館、1996 年）／『新・点字であそぼう』（桜雲会 監修、同友館、2011 年）、『やってみよう！　はじめての手話1　手話をはじめよう』（こどもくらぶ 編・著、岩崎書店、2001 年）

暗号学　歴史・世界の暗号からつくり方まで　　　　　　　　　　　　　　　　　　　　NDC790

2016 年 7 月 30 日　第 1 刷
2019 年 1 月 11 日　第 3 刷

　著　／稲葉茂勝
発行者／中嶋舞子
発行所／株式会社 今人舎
　　　　186-0001　東京都国立市北 1-7-23　TEL 042-575-8888　FAX 042-575-8886
　　　　E-mail nands@imajinsha.co.jp　　URL http://www.imajinsha.co.jp
印刷・製本／凸版印刷株式会社

©2016 Shigekatsu Inaba　ISBN978-4-905530-60-2 Printed in Japan　　　　　　　88p 26cm

定価はカバーに表示してあります。落丁本、乱丁本はお取り替えいたします。